Gregor Ignatz Sarrazin

Thomas Kyd und sein Kreis

Gregor Ignatz Sarrazin

Thomas Kyd und sein Kreis

ISBN/EAN: 9783743353008

Hergestellt in Europa, USA, Kanada, Australien, Japan

Cover: Foto ©ninafisch / pixelio.de

Manufactured and distributed by brebook publishing software (www.brebook.com)

Gregor Ignatz Sarrazin

Thomas Kyd und sein Kreis

und weil es von den andern Forschern bisher nur flüchtig berührt wurde, sondern auch weil es, wie mir scheint, den Schlüssel zum Verständniss von Kyds dichterischem Schaffen liefert. —

Aus verstreuten und zum Theil unkenntlich gewordenen Scherben das Charakterbild eines halbverschollenen Dichters wieder zusammenzusetzen, ist eine mühsame und undankbare Aufgabe, aber eine solche, der sich Niemand entziehen darf, der den Trümmerhaufen der älteren Litteraturdenkmäler historisch verwerthen will. Natürlich ist es viel bequemer und sicherer, die Bruchstücke gesondert zu betrachten und die Frage nach ihrem Ursprung und ihrem Verhältniss zu einander unbeantwortet zu lassen. Aber wie an den Archäologen, so tritt auch an den Litterarhistoriker bei Werken oder Bruchstücken von Werken, deren Ursprung zweifelhaft ist, die Forderung heran, zuzusehen, ob Gleichartiges nicht ursprünglich zusammengehört hat. Und ebenso wie dem Archäologen, so muss auch dem Litterarhistoriker, wenn er nachweist, dass gleichartige Fragmente sich zwanglos aneinander fügen lassen, das Recht der Reconstruction zugestanden werden.

Auch in der Litteraturforschung muss ein gewisser, natürlich sehr hoher Grad von Stilähnlichkeit als ausreichender Grund für Gemeinsamkeit des Urhebers angesehen werden. Diejenigen Philologen, welche eine solche Folgerung selbst bei grosser Aehnlichkeit nicht anerkennen, sondern stets das Bestreben haben ihr durch eine Nachahmungshypothese auszuweichen, scheinen die Thatsachen zu vergessen, dass ein Dichter einen anderen überhaupt nur selten systematisch nachahmt und erst, wenn sein Muster schon berühmt geworden ist, dass dann ein einigermassen geübter Blick die Imitation meist leicht entdeckt, andererseits dass die meisten, und sogar die grössten Dichter sich selbst nicht nur in Charaktertypen, Zügen und Motiven, sondern auch in eigenartigen Wendungen, ja in ganzen Versen öfters wiederholen. Das letztere lässt sich nicht nur bei Greene, Peele, Kyd, Marlowe, sondern sogar bei Shakespeare selbst nachweisen.

Kiel, Juli 1892.

Gr. Sarrazin.

INHALTS-UEBERSICHT.

		Seite
I.	Die Tragödie von Soliman und Perseda	1
II.	Zur Chronologie von Kyds Dramen	49
III.	Zur Biographie und Charakteristik Thomas Kyds	63
IV.	Nachahmer Kyds	75
V.	Der Ur-Hamlet	94

I. DIE TRAGOEDIE VON SOLIMAN UND PERSEDA.

Das alte anonyme englische Drama von Soliman und Perseda (in der Select Collection of Old English Plays edd. Dodsley-Hazlitt V, 257 ff.) muss, obwohl die erste datirte Ausgabe aus dem Jahre 1599 stammt, schon mehrere Jahre[1] vorher verfasst sein.

Bekanntlich findet sich schon in Shakespeares King John I, 244 eine Anspielung darauf: *Basilisco-like*, mit Beziehung auf die Figur des Eisenfressers Basilisco in Soliman.

Auch in Kyds Spanischer Tragödie, die jedenfalls vor 1590 verfasst ist, wird ein Drama erwähnt, welches die Geschichte von Soliman und Perseda zum Gegenstande hat.

Die Autorschaft dieses Stückes wird der Hauptperson der Sp. Tr., Hieronimo, zugeschrieben. Das in der Sp. Tr. eingelegte kurze Schauspiel von Soliman und Perseda stimmt allerdings nur im allgemeinen Gang der Handlung mit dem selbständig veröffentlichten überein, weicht in den Einzelheiten der Schlusskatastrophe zum Theil ab, und enthält nur in einigen Versen deutliche Reminiscenzen daran; es verhält sich zu dem grösseren Stück wie ein kurzer dramatischer Auszug des fünften Aktes zu einem vollständigen Drama.

---

[1] Ein Exemplar der Ausgabe von 1599, welches ich in der Dyce and Forster Collection des South Kensington Museums in London einsehen konnte, erwies sich seiner Textgestaltung nach als jünger als die älteste undatirte Quarto-Ausgabe, von welcher das Brit. Museum ein Exemplar besitzt. — Ob diese letztere aber mit der am 22. Nov. 1592 in die Buchhändlerregister eingetragenen identisch ist, erscheint mir sehr zweifelhaft.

Aus diesem Verhältniss des Dramas von Solim. und Pers. zu der Sp. Tr., sowie aus der Aehnlichkeit beider Tragödien in der Composition und im Stil, schloss nun schon Hawkins, dass Soliman ebenfalls von Thomas Kyd verfasst sei. Diese Vermuthung ist zwar von Fleay acceptirt worden, bei anderen englischen und deutschen Gelehrten aber vielfach auf Zweifel gestossen.

Zunächst sei noch einmal im Zusammenhange auf die Aehnlickeiten und Uebereinstimmungen hingewiesen. Beide Stücke sind Rachetragödien, die mit dem mehrfachen Morde und Selbstmorde der Hauptpersonen schliessen. Von Kriegen und Kämpfen ist in beiden viel die Rede. In der Häufung von Hinrichtungen und Mordthaten verräth sich eine gleich blutdürstige Phantasie. Romantisch-idyllische Elemente bietet daneben die Liebesgeschichte in Solim. sowohl wie in der Sp. Tr. In beiden Stücken rächt die Heldin ihren ermordeten Geliebten, indem sie ihren verschmähten Liebhaber, den Urheber des Mordes, tödtet. In beiden Tragödien sind burleske Scenen eingefügt, eine Stilvermischung, welche die meisten älteren Dramendichter, auch Marlowe noch, verschmähten.

In beiden Dramen treten viele Personen auf, die mit der Haupthandlung nur wenig zu thun haben, wie denn überhaupt die Composition hier wie dort nur als sehr locker und schlotterig bezeichnet werden kann.

Die bedeutsamste Uebereinstimmung in der Composition ist aber, dass in Solim. wie in der Sp. Tr. geisterhafte Wesen, allegorische Figuren als Zuschauer, Kritiker und Leiter der Handlung erscheinen, und mit ihren Reden die Entwicklung einführen, begleiten und abschliessen. Freilich kommen solche Figuren auch in anderen älteren Dramen vor — ein Erbtheil der Moralitäten und der Seneca-Tragödien; aber doch sonst nur in loserem Zusammenhang mit der Handlung. In beiden Stücken triumphiren die Geister zum Schluss und zählen ihre Schlachtopfer auf.

Auch im Stil bieten beide Stücke bedeutsame Aehnlichkeiten. Klassische Anspielungen, Vergleiche, lateinische Citate finden sich übereinstimmend: in der Sp. Tr. sowohl wie in

Solim. wird mit Vorliebe auf Personen und Ereignisse des trojanischen Sagenkreises angespielt (Sp. Tr.: Pallas vor Pergamus, Priamus, Hector, Ajax, Achilles und Myrmidonen; Solim.: Priamus, Hector, Andromache, Sinon, Ajax, Ulysses, Achilles und die Myrmidonen). Spanische Brocken: *pocas palabras* Sp. Tr.: *basolus manus = beso los manos* Solim., und italienische: Solim. 343 *Tremomundo = Tremamondo*, in der Sp. Tr. vielfach — sind hier wie da eingestreut. Seltene Epitheta wie *translucent breast* Sp. Tr. a. a. O. S. 31, Solim. S. 295 sind gemeinsam; auf ähnliche Phrasen, Metaphern, Vergleiche ist von Markscheffel in seiner Abhandlung über Thomas Kyd und von mir Angl. XII. 149 hingewiesen; ich füge noch hinzu Sp. Tr. 49 *my second self*, Solim. 296 *my sweet second self;* Sp. Tr. 159 *Perseda, blissful lamp of excellence,* Solim. 292 *Perseda's beauteous excellence;* Sp. Tr. 60 *The heavens are just,* Solim. 297 *heavn's are just;* Sp. Tr. 30 *What boots complaint, when there's no remedy,* Solim. 356 *What boots complaining where's no remedy.*

Dass beiden Dramen Vorliebe für rhetorische Figuren, wie Anaphora, Antithese, Klimax, gemeinsam ist, hat nicht viel zu besagen; auch die übereinstimmende häufige Anwendung der Stichomythie, und die Wiederholung ganzer Verse (z. B. Sp. Tr. 44, Solim. 323) ist nicht sehr charakteristisch.

Eine auffallende Uebereinstimmung scheint aber in dem stichomythischen Frage- und Antwortspiel in kurzen Sätzen zu liegen:

Sp. Tr. 101 *'Tis I that love — Whom? — Bell 'Imperia.*
But I that fear. — Whom? — Bell' Imperia.
Solim. 324 *For whom weep you? — Ah, for Ferdinando's dying.*
For whom mourn you? — Ah, for Erastus' flying.

Eine sehr bedeutsame Stilähnlichkeit [1] ist auch das eigen-

---

[1] Bei Lodge habe ich diese stilistische Manier auch gefunden in ‚The Wounds of Civil War‘ (Dodsley-Hazlitt VII. 168):

I wonder why my peasant stays so long,
And with my wonder hasteth on my woe,
And with my woe I am assailed with fear.
And with my fear await with faintful breath
The final period of my pains by death.

thümliche Fortspinnen der Gedanken durch Wiederholung eines Wortes:

> Solim. 369 *The loss of half my realms, nay, crown's decay,*
> *Could not have prick'd so near unto my heart,*
> *As doth the loss of my Perseda's life.*
> *And with her life I likewise lose my love;*
> *And with her love my heart's felicity.*

Dazu vergleiche man:

> Sp. Tr. 42 *First, in his hand he brandished a s**word**,*
> *And with that s**word** he fiercely waged w**ar**,*
> *And in that w**ar** he gave me dang'rous w**ounds**,*
> *And by those w**ounds** he forced me to yield*
> u. s w.

Schon Klein hat in der Gesch. des engl. Dramas II, 346 auf eine Kyd eigenthümliche, dem Stil spanischer Dramen nachgeahmte rhetorische Figur aufmerksam gemacht, „jene wunderliche Recapitulationsfigur,[1] die am Schlusse einer ausgesponnenen Rede die Schlagwörter der vereinzelten Bilder und Gleichnisse zusammenfasst und vorbeidefiliren lässt wie Flügelmänner im Paradegänsemarsch'. Auch diese Figur kommt im Solim. vor, allerdings noch nicht in der künstlichen Ausbildung der Sp. Tr. Zu vergleichen sind die Stellen Sp. Tr. 36 (*beast, bird, tree, stony wall*), Sp. Tr. 68 (*eyes, life, world, heavens*), Sp. Tr 163 (*hope, heart, treasure, joy, bliss*) mit Solim. 299 (*words, tears, looks*).

Auch die übereinstimmende Neigung zum Parallelismus und Gleichklang in aufeinander folgenden Reden ist beachtenswerth, eine Eigenthümlichkeit, die sonst in den Dramen vor Shakespeare kaum zu finden ist:

> Solim. 338 Erast. *Ah pardon me, great Soliman; for this is she*
> *For whom I mourn'd more than for all Rhodes,*
> *And from whose absence I derived my sorrow.*
> Pers. *And pardon me, my lord; for this is he*
> *For whom I thwarted Soliman's entreats,*
> *And for whose exile I lamented thus.*

---

[1] So ganz ungewöhnlich ist indessen diese Figur doch nicht: ich finde sie auch in dem alten Lustspiel ‚Wily beguiled' (Dodsley-Hazlitt IX) S. 323: *Care, love, loss, heart's woe, living death.* Der Verfasser dieses Stückes ahmt auch sonst Kyds Stil öfters nach, wie später noch genau gezeigt werden soll.

Sp. Tr. 44 Balthazar. O sleep, mine eye, see not my love profan'd:
Be deaf, mine ears, hear not my discontent:
Die, heart: another joys what thou deserv'st.
Lorenzo. Watch still, mine eyes, to see this love disjoin'd,
Hear still, mine ears, to hear them both lament,
Live, heart, to joy at fond Horatio's fall.

Kyd huldigt häufig dem besonders in den 80er Jahren herrschenden Modestil des Euphuismus. Er liebt parallele Struktur der Sätze, Häufung von Gleichnissen, Verbindung von Gleichklang, Alliteration, Reim mit Antithesen, Oxymora. Auch ganz bestimmte Anklänge an einzelne Stellen von Lylys Roman Euphues lassen sich nachweisen. Beispiele hat zum Theil schon Markscheffel a. a. O. gegeben. Ich führe als besonders charakteristisch noch an:

Sp. Tr. 91   ceaseless plaints for my deceased son
„   „ 161   the hopeless father of a hapless son
„   „   36   In time the savage bull sustains the yoke;
             In time all haggard hawks will stoop to lure,
             In time small wedges cleave the hardest oak,
             In time the flint is pierc'd with softest shower[1]:
             And she in time will fall from her disdain.
„   „   38   Yet might she love me for my valiancy[2],
             Ay, but that's slander'd by captivity;
             Yet might she love me to content her sire,
             Ay, but her reason masters his desire.

Deutlicher noch tritt die Nachahmung des euphuistischen Stils in Kyds Prosaschrift .The trueth of the most wicked and secret murthering of John Brewen' hervor. z. B. S. 6: *he had her fauours, whosoeuer had her frowns; he sate and smiled, when others sobbed* — — — But as the truest

---

[1] Euphues edit. Landmann S. 35: *The softe droppes of raine pearce the hard Marble, many strokes ouerthrow the tallest Oke, a silly woman in time may make such a breach into a mans hearte, as hir teares may enter without resistaunce.*
Euph. a. a. O. S. 87 . . *at the firste the Oxe weildeth not the yoke, nor the Colte the snaffle, nor the lower good counselle, yet time causeth the one to bende his necke, the other to open his mouth, and should enforce the thirde to yeelde his right to reason.*

[2] Vgl. Landmann, Einl. zu Euphues s. XVI: . . *Lyly's habit of making a statement and then contradicting it in a sentence beginning with Ay, but.*

*lovers are commonly least regarded, the plaine meaning man
most scorned of undiscreet maidens, so came it to passe by
Brewen.*

Auch in Soliman ist der Einfluss des euphuistischen Stils
unverkennbar, allerdings mehr in einzelnen Vergleichen, z. B.:

Solim. 296 *the fairest-shap'd, but foulest-minded man*
„ 286 *Thou Aristippus-like didst flatter him* [1]
„ 300 *— — — Perseda, whom my heart
No more can fly than iron can adamant* [2]
„ 297 *As in the Spider good things turn to poison.* [3]

In einer Anmerkung zur Sp. Tr. (Dodsley-Hazlitt V, 36)
ist eine Entlehnung aus Watsons Sonettsammlung Hecatompathia (1582) nachgewiesen. Unbeachtet geblieben aber ist,
dass auch in einer Stelle von Solim. eine Nachahmung desselben Dichters vorliegt:

Solim. 333 *Fair looks* (lies: *locks*), *resembling Phoebus' radiant beams:
Smooth forehead, like the table of high Jove;
Small pencill'd eyebrows, like two glorious rain-bows:
Quick lamplike eyes, like heavens two brightest orbs:
Lips of pure coral, breathing ambrosy;
Cheeks, where the rose and lily are in combat,
Neck, whiter than the snowy Apenines*

Man vergleiche die folgenden Verse aus einem Sonett von
Watson (in Arber's Reprints 21, S. 43):

*Her yellowe lockes exceede the beaten goulde,
Her sparkeling eies in heav'n a place deserve,
Her forehead high and faire of comely moulde:*

— — — — — — — — — — — — — —

Each eybrowe hanges like Iris in the skies,

— — — — — — — — — — — — — —

On either cheeke a Rose and Lillie lies

— — — — — — — — — — — — — —

*Her lips more red than any Corall stone
Her neck more white then aged Swans that mone.*

---

[1] Vgl. Euphues (Landmann S. 11): *the flattery of Aristippus.*

[2] Vgl. Euphues a. a. O. S. 41: *As the Adamant draweth the heavy yron
— — so beauty allureth the chast minde to loue.*

[3] Vgl. Euphues a. a. O. S. 73: *Is not poyson taken out of the Honny-
suckle by the Spider?*

Schick hat im Archiv f. n. Spr. Bd. 87 S. 300 noch auf eine andere vermuthliche Entlehnung aus Watsons Hecatompathia, die sich im Soliman-Schauspiel findet, aufmerksam gemacht. Auch die oben aufgeführten Stileigenthümlichkeiten dürften z. T. auf Nachahmung von Watsons Stil beruhen. Man vergleiche z. B. folgende Stelle aus Watson (S. 77):

> One onely helpe can sloke this burning heate,
> Which burning heate proceedeth from her face,
> Whose face by lookes bewitched my conceite,
> Through which conceite I lire in woefull case:
> O woefull case, which hath no ende of woe,
> Till woes hare ende by favour of my foe;
> And yet my foe mainetaineth such a Warre
> As all her Warre is nothing els but Peace

Nun dürfen freilich auch die Verschiedenheiten der beiden Dramen nicht übersehen werden: die ungeschicktere, rohere Composition, der geschmacklosere, weniger gefeilte, weniger rhetorisch zugespitzte Stil, die weniger gewandte, aber oft frischere, mehr natürliche, mehr humoristische Darstellungsweise, der unbeholfenere, weniger regelmässige, reimlosere Versbau[1] in Soliman und Perseda. Auch ist zu beachten, dass in Soliman von einem Einfluss der Seneca-Tragödie nichts zu spüren, während in der Sp. Tr. derselbe ziemlich stark ist.

Auch in der Charakterzeichnung, die im Allgemeinen wohl in beiden Stücken ziemlich gleich unvollkommen ist, lassen sich vielleicht Verschiedenheiten entdecken. In Solim. scheinen die Personen weniger sicher und consequent gezeichnet zu sein, als in der Sp. Tr. Die Züge von Edelmuth und tückischer Grausamkeit im Charakter Solimans sind nicht recht vereinbar. Den ritterlichen, edlen Erastus in einer Scene als falschen Spieler erscheinen zu lassen, verräth eine bedenklich niedrige moralische Anschauungsweise. Eher begreiflich ist die Mischung von spitzbübischer Verschmitztheit und bündischer Treue in der Figur seines Dieners Piston, dessen Spässe frischer sind als der Galgenhumor des Pedringano in der Sp. Tr. Ziemlich roh, aber doch nicht ganz uninteressant

---

[1] Zum Theil mögen die Unvollkommenheiten in Stil und Versbau auf Rechnung der Ueberlieferung zu setzen sein.

gezeichnet ist auch der Bramarbas Basilisco, einer der in Dramen jener Zeit so beliebten geistigen Nachkommen des alten „Miles gloriosus", und gewissermassen ein unvollkommenes Vorbild von Shakespeares Don Adriano de Armado; Basilisco ist aber ein geborener Deutscher, der die ganze Welt sein Vaterland nennt, und mit lateinischer Gelehrsamkeit ebenso renommirt wie mit Waffenthaten. In der Sp. Tr. fehlt eine ähnliche burleske Figur. Perseda macht als tragische Heldin einen sympathischeren Eindruck als Bell' Imperia in der Sp. Tr.

Aber alle diese Differenzen sprechen nicht nothwendig gegen Identität des Verfassers. Sie erklären sich zum Theil vielleicht durch die verschieden sorgfältige Ueberlieferung — die Sp. Tr. ist ja in einem viel besseren Textzustande auf uns gekommen als Solim.; zum Theil wohl auch durch die verschiedene Quelle der Dramen — die Quelle der Sp. Tr. ist nicht bekannt; meist aber gewiss durch die auch sonst begründete Annahme, dass Solim., einige Zeit vor der Sp. Tr. gedichtet, eine Jugendarbeit Kyds ist, zu einer Zeit verfasst, wo ihm Senecas Tragödien und die denselben nachgeahmten Dramen Garniers noch nicht genauer bekannt geworden waren.

Eine ziemlich sichere Lösung der Autorfrage ist m. E. erst durch eine Vergleichung des Soliman-Dramas mit der Originalerzählung zu gewinnen. Ich habe nach längerem Suchen in einer alten Novellensammlung des Britischen Museums (von Henry Wotton) die Quelle unserer Tragödie wieder aufgefunden, welche schon früheren Litterarhistorikern (z. B. Bakers Biograph. Dram. I, 286) bekannt gewesen, aber in neuerer Zeit in Vergessenheit gerathen war, und gebe, da dies Buch wohl nur noch in sehr wenig Exemplaren vorhanden, in Deutschland gewiss nicht zugänglich ist, im Folgenden den Text der Erzählung nach einer im Sept. 1891 angefertigten Abschrift wieder.[1]

Behufs der Vergleichung scheint es mir angemessen, vorher an den Inhalt unseres Dramas in Kürze zu erinnern. Schauplatz der Handlung ist meist die Stadt Rhodus auf der

---

[1] Wie ich nachträglich erfahre, hat Herr Dr. Schick, ungefähr gleichzeitig und unabhängig von mir, aber wohl einem früher von mir gegebenen Hinweis (Engl. Stud. XV, 257) folgend, das Buch ebenfalls gefunden.

gleichnamigen Insel, die Zeit etwa 1521—22, als Rhodus von den Türken unter Soliman II. erobert wurde.

Akt 1. Der junge Rhodier Erastus macht seiner Jugendgespielin Perseda eine Liebeserklärung, welche von dem schönen Mädchen günstig aufgenommen und mit einem Geständniss gleichen Inhalts beantwortet wird. Erastus äussert darauf seine Absicht an dem Turnier, das zu Ehren der Vermählung des Prinzen von Cypern mit der Tochter Philippos, des Statthalters von Rhodus, abgehalten werden soll, theilzunehmen. Philippo begrüsst in einer folgenden Scene die Ritter verschiedener Nationen, welche sich ihm vorstellen. Nach einer eingeschobenen burlesken Scene wird das Ergebniss des Turniers verkündigt, aus welchem Erastus als Sieger hervorgegangen ist. Im Gedränge verliert er eine Kette, welche ihm Perseda geschenkt hatte. Ein anderer junger Ritter, Ferdinando mit Namen, findet sie. — Der Schauplatz wechselt. Sultan Soliman und seine zwei Brüder, Amurath und Haleb, treten auf, berathen über einen Kriegszug gegen Rhodus. Amurath spricht sich dafür, Haleb dagegen aus; ein Wortwechsel führt dazu, dass Amurath Haleb tödtet, und zur Rache dafür von Soliman erstochen wird.

Akt 2. Ferdinando giebt die gefundene Kette seiner Geliebten, Lucina. Perseda sieht das Kleinod am Busen Lucinas, macht in Folge dessen Erastus eine Eifersuchtsscene, da sie glaubt, dass Erastus der Spender gewesen sei. Erastus beschliesst die Kette mit List wiederzugewinnen. Da er Lucina als erpichte Spielerin kennt, begiebt er sich maskirt mit einigen Freunden in ihre Wohnung, gewinnt ihr (mit falschen Würfeln, die sein verschmitzter Diener Piston ihm verschafft hat) die Kette wieder ab, wozu sich Lucina um so leichter versteht, da sie den maskirten Erastus für Ferdinando hält. Ferdinando begegnet Erastus beim Fortgehen, sieht die Kette, fängt Streit an, und wird von Erastus erstochen. Erastus flieht, nach einem pathetischen Monologe, aus Furcht vor der Strafe und Rache des Gouverneurs. Perseda, die von Piston den Sachverhalt erfährt, ist untröstlich, dass sie durch ihre Eifersucht den Geliebten in bedrängte Lage gebracht und in die Verbannung getrieben.

Akt 3. Erastus kommt an Sultan Solimans Hof. Der Sultan ist hocherfreut, den Ritter, von dessen Tapferkeit und Kampftüchtigkeit er so viel Rühmendes gehört, bei sich zu sehen: er stellt ihn in einem Zweikampf auf die Probe, worin Erastus Soliman überwindet. Er ernennt ihn dann zum Hauptmann seiner Janitscharen. Bei dem nun folgenden Kriegsrath wegen des Feldzugs gegen Rhodus bittet Erastus, ihn in diesem Kampfe gegen seine Vaterstadt nicht zu verwenden. — Klageduett von Perseda und Lucina in Rhodus. Rhodus wird von den Türken belagert, erobert, der Gouverneur Philippo, der Prinz von Cypern und andere Ritter erschlagen, Perseda und Lucina gefangen genommen und von Brusor, Solimans Feldherrn, fortgeführt.

Akt 4. Erastus ist in Trauer über das Schicksal seiner Vaterstadt und in Sorge wegen seiner Geliebten. Soliman versucht vergebens ihn zu trösten und aufzuheitern, schickt ihn dann halb unwillig fort, bis er besserer Laune sei. Brusor tritt auf, mit Perseda und Lucina, berichtet Soliman von der Eroberung der Insel und stellt ihm die erbeuteten Damen zur Verfügung. Soliman schenkt ihm Lucina und beschliesst, Perseda, von deren Schönheit er entzückt ist, für sich zu behalten. Aber Perseda setzt seinen Bewerbungen hartnäckigen Widerstand entgegen. Soliman droht sie zu tödten, aber sie bleibt standhaft und erwartet gottergeben den Todesstreich. Soliman, von Persedas Schönheit und Edelsinn gerührt, wirft das Schwert, mit dem er ihr das Haupt abschlagen wollte, ihr zu Füssen, bittet sie um Verzeihung, gestattet ihr, als Jungfrau und Christin zu leben, bis sie seinen Bewerbungen Gehör geschenkt habe. Da tritt Erastus herein; die Geliebten sinken einander in die Arme. Soliman findet sich schnell in die Rolle des grossmüthig Entsagenden, legt beider Hände ineinander, macht Erastus zum Gouverneur von Rhodus und empfiehlt ihm mit seiner Braut schleunigst abzureisen. Nachdem sie fort sind, regt sich in Soliman wieder die mit Mühe erstickte Liebe zu Perseda; er bereut seine edelmüthige Anwandlung. Sein Feldherr Brusor, der Erastus hasst, weil er selbst gehofft hatte Gouverneur von Rhodus zu werden, benutzt diese Stimmung und schmeichelt ihr; er räth

Soliman, Erastus durch bestochene Zeugen des Hochverraths anzuklagen und so aus dem Wege zu räumen. Soliman geht sofort auf diesen Vorschlag ein und entsendet Brusor nach Rhodus um Erastus zu holen.

Akt 5. In Rhodus schwelgen Erastus und Perseda in ihrem Glück. Da treten Brusor und seine Lucina auf: Brusor entledigt sich seines Auftrages von Soliman, dem Erastus bereitwillig sofort Folge leistet. Lucina bleibt bei Perseda, um sie Solimans Bewerbungen geneigt zu machen. Es folgt der Schein-Process gegen Erastus, in Folge dessen er erdrosselt wird. Gleich darauf wird Soliman, der Alles aus einem Versteck mit angehört und gesehen, von Reue über seine That ergriffen, tödtet die Henker und lässt die meineidigen Zeugen und den Richter umbringen. — Ein Gespräch zwischen Perseda, Lucina und dem Prahlhans Basilisco wird durch die Ankunft Pistons unterbochen, der den Tod seines Herren berichtet. Perseda ahnt sofort den wahren Sachverhalt und ersticht zunächst, um ihren Geliebten zu rächen. Lucina. beschliesst dann Rhodus gegen Soliman aufzuwiegeln. — Soliman und Brusor kommen vor die Thore von Rhodus, finden sie verschlossen; verlangen die Uebergabe der Stadt. Perseda erscheint auf der Mauer in Ritterrüstung, schmäht Soliman und fordert ihn zum Zweikampf heraus. Soliman nimmt die Herausforderung an, verwundet Perseda tödtlich, worauf sie sich zu erkennen giebt. Sie gewährt ihm im Sterben auf seine Bitte noch einen Kuss von ihren Lippen. Von wilder Reue ergriffen, wüthet er gegen seine Umgebung und lässt Brusor hinrichten. Wie er die todte Perseda noch einmal betrachtet, findet er einen Zettel bei ihr, aus dem er ersieht, dass sie ihre Lippen absichtlich vergiftet hatte, um ihn durch ihren Kuss zu tödten. Soliman nimmt die letzte Kraft zusammen, commandirt einen Sturm gegen die Stadt, hört noch, dass Rhodus sich ergeben habe und stirbt dann nach einem pathetischen Monologe. —

Die ernsten und tragischen Scenen werden unterbrochen durch komische, in denen Piston und Basilisco auftreten. Der erste Akt wird eingeleitet und jeder Akt wird beschlossen durch die Gespräche zwischen Amor, Fortuna und Mars. —

A courtlie Controuersie of Cupids Cautels Containing fiue tragicall Historyes by 3 gentlemen & 2 gentlewomen translated out of French by Hen. Wotton & dedicated to his sister the lady Dacre of the South. At London Imprinted by Francis Coldock & Henry Bynneman. 1578.
(Exemplar des Brit. Museums, London.)

THE FIRSTE HISTORIE (p. 34).

Such as haue imparted their trauailes in reading, or at the leaste, haue but hearde speake of auncient Histories, maye easely coniecture, that Greece hath alwaies bin replenished, not onely with noble, valiant, and wise personages: but if they consider well the discourses of the Grecian Chroniclers, shall finde the same region, hath bin no lesse fortunate in the production of women: for so muche as the greatest number of Dames and Damoysels, whose beauties haue deserued preheminence in the mouths of Historiens, haue bin bred, borne, and brought vp, in the said famous Monarchy of Greece: In whose glorious Portes, to this day, is celebrated the renowne of famous Queene Hellaine, in commendation of whose excellent beautie the trumpets of the famous poets doe yet sounde. But I dare affirme, that shee of whom I mean to speake, shall honor hir country much more by hir vertuous life: who being nothing inferior to Paris Paragon in beautie, surmounteth hir exceedingly in bounty, apparently testifying by hir soveraigne vertues, that the graces and perfectious wherwith nature had richly endued hir, wer worthily emploied.

This Damoisell of whom my discourse shall determine, was borne in the Isle of Rhodes, discended of the moste honorable family in the whole country, educated in all good nourture, as bountifully as might possibly be desired, who assoone as she grewe to [35] the knowledge of good and euill, fell in liking of the behauioure and courtesie of a yong stripling, borne likewise in the same city, so accomplished in all perfections of Nature, as by due deserte, he was fancied of this beautifull minion, and battered the firste breach in hir tender hearte, who with the onely glaunces of hir alluring eie, was able to mollify the moste saluage and indurate fantasies bearing life. The Damoysell (Gentlewomen) was named Persida. and hir yong friende Erastus, vnto whome, hys father and mother newly deceassed, had left abundance of wealth. and by their laste Testament, bequeathed the gouernaunce and education of this Orphane vnto his vncle, who by good aduenture, was neyghbour vnto the faire Persida, wherby these yonglings ordinary frequented company. By meanes wherof, such friendly familiaritie was confirmed on bothe partes, as from their tender youth, they delight to play togither, and continually embrace and kisse eche other (a Prognostication of the future coniunction of such perfect gifts. wherewith they were bothe liberally fraughted by diuine influence). This couple, as they grew in age, so encreased their beautie and comlinesse, like the rose buddes, which in the hart of the spring sprout and spread abroad their beautiful blossoms. And with their bodies likewise encreased and augmented their new conceived loue, like vnto the yong Vine. which embraceth the tender Elme, whervnto it is so firmly vnited by their mutuall growth, as in fine they are incorporate togither. Thus in their tender yeres the parents and friendes on both parties conceiued a secrete hope, that destiny would confirme a match betwixt this likely couple, whose equall perfections commended of al men. gaue them cause to expect a happy successe, for the which there was none, but wished ernestly. And I suppose if eche mans opinion might haue taken place, these two creatures had bin accompted ye offspring of Angels: but the heauens wold not permit a Paradise on earth. These louers had now attained, the man, the age of XV. yeres, and the maiden X. but to view their growth, common iudgement wold haue attributed to eche three yeares of aduantage. So as they attended onely the expiring of such tyme, as might minister occasion, to render the fruit of [36] of their desired mariage with no lesse good will, than the childe vnder tuition of a shrewde tutor, wisheth the stature of a man to escape the rod. And in establishement of this bargaine Erastus embrasing and kissing his Persida, gaue hir a iewell, wherein was a Diamante and an Emeralde, so singularlye cutte and cunningly coupled togyther, as they were not to bee discerned other than one entier stone, besides the excellencie of the workemanship farre exceeded the value of the precions substaunce: Requiring his beloued maistresse. in beholding this gage of hys good wil, alwayes to resemble in loue the Emeralde, which doth rather cracke than consente to any disloyaltie: promising for hys parte, euer to be like the Diamante, whiche throughe constante and decreed stedfastnesse, sooner breaketh vnder the toole, than endureth any newe shape, so muche the nature thereof abhorreth exchaunge. Persida receyued this token and pledge of Erastus his ardent and sincere affections, wyth exceeding contentation and pleasure, beseeching God by hys diuine prouidence, so to prosper their lucky beginning, as there might ensue so stricte alliaunce, and perfecte loue betwixte them in the worlde, as in the Jewell giuen and receyued were vnited vnseparablye, two of the richest and moste beautifull stones of the Orient. But bycause she woulde neither remayne indebted to hir louer in courtesie or good will: she requited him wyth the gifte of a Chaine, the linkes whereof were enterlaced with pearle and stone of diuers coloures exceeding cunningly. In presenting wherof, she deliuered an amorous kisse with feruent affection, and saide: I pray God my friende, that wee may continue togither linked in the chayne of wedlocke, so manye yeares, as there are seuerall linkes in this chaine, with as faithfull loyaltie as is represented by the golde therein, and so great estimation, as is in these pearles comprehended. requiring you to keepe this token for loue of hir, who euermore reserueth a roomth for you in the secreate chamber of hir loyall harte. In these amorous paths our two louers walked long at their plesure with wonderful contentment. But alas, Fortune, the enimie of all good hap, was contrarie to this blessed conclusion. which giueth vs large occasion to [37] to complayn our mundain miseries, by whose wicked ordinances we are subiect to such sodein alterations, as when we think our selues in moste permanent pleasures, our good houre is by fickle Fortune cut short in a moment: yet not contented herewith hir

malice is suche towards mankinde. as she constraineth men
oftentimes to tast within hir sugred cup the bitter liquour
that procureth their destruction. Thus vnder colour of amitie.
shee wreaketh hir malicious enuie vppon vs, euen as the Fisher
encloseth his deadly hooke in the pleasant baite, to the ende
the simple fishe mistrusting no guyle may vnwares swallow
his bane. Alas what ioyes may be expected in this world,
sith frowarde Fortune prepared suche abundance of calamities
to these innocent louers, whose merits deserued euerlasting
felicitie. Ah beautiful chayn, ye sure pledge of loue, predestined
to procure so great dysaster. of righte thou deseruest to be
compared vnto the dolorous gift which Aiax presented vnto
Hector. Erastus dere dames. hauyng receyued this commendable
chayne, knewe not what countenance to shewe, so much he
was contented therwith, considering the place from whence it
came: neither coulde he detaine his eye from it, but embracing
and kissing it continually. remayned as one ranished with
ioy. The terme of ten moneths exspired (during which tyme
Erastus had enioyed this iewell. the whiche he had preserued
as carefully as the Apple of his eye) it fortuned a great lord
of the Citie, did marrie his daughter vnto the Prince of Cyprus.
and for the honorable solemnizing of thys princely wedding,
great preparation was made of stage playes, bonfyres. Maskes.
Justes. Turneys, wrastlings, and other infinite pastymes, with
suche continuall feastings. as the people repaired out of all
countreys adioyning, by the bruite and reporte of the great
and sumptuous magnificence which was to bee seene at Rhodes,
where (among others) a great number of the knights of Latran.
whyche we call at thys day the knyghtes of Malta were
assembled. All whiche, withoute pretence of malice. endeuored
at thys feaste to shewe theyr valour. and to engraue some
notable token of theyr prowesse in the memories of so greate
a multitude.

[38] It happened one day while these sportes endured.
the listes and barres being pestred with the presse of people,
and the scaffoldes chardged with Ladies and Damoisels, euen
as the Justes beganne, there entred into the fielde. a knight
armed at al points in a greene armor, mounted vpon a mightie

Sirian courser, caparissoned in like manner, who with braue mannages, cariers, boundes, and tournes, made the duste about him flee into the ayre, and there folowed him an Esquier disguised, gallopping a maine: all the troupe were amazed at the fierce approche of this Champion, who with couragious countenance, forsooke the barres and leapte into the listes, bearing vppon his helmet, a white Pennante, deliuering by his actes, so greate estimation of his valour, as there was no Damoysell that longed not to vnderstande what hee was, nor Knight, which feruently desired not to experiment his force: whiche diuers more hastie, than wise approued to their harmes: For this warriour handled hys horse with suche agilitie, and encountred his aduersaries so firmely at the counterbuffe, as no course escaped hym wythout the subuersion of a knighte to the earthe, not couching hys launce in vaine all the whole daye. Thus hauyng vnhorsed a number of the moste experte in feates of armes, the reste committing no great confidence to their cuuning, were easyly perswaded. So that in fine, not one approched to shewe hym sporte, whych greeued muche the whole assistaunce, whose eies were fixed vppon this new miracle, supposing the Knighte to bee some Spirite of Maugis, or sonne of the race of Amadis, or Rowland, with the golden launce of Bradamant, or god Mars himselfe. The trumpettes nowe beganne to sounde the retreate, when the valiant Phillip of Villiers, at that time great commaunder of Rhodes, disdaining to beholde his Knights so faintly disarsoned, in whome hee reposed the opinion of singular prowesse, made choise of a greate and mightie launce, and taking his beuer, wythout anye defiaunce tooke his course towardes the Conquerour, who was not vnprouided to receiue him. The encounter of these Champions resembled the brush of a mightie billow, beating vpon a craggy cliffe, or the coniunction of two clouds of contrary Elements breaking [39] into some thunder cracke, for the force of their meeting: was so furious, as by the iudgement of the beholders, one stroke had finished the combat and liues of two so perfect warriours, if their launces had bin as forcible as their bodies: but at the ioyning they flew in trunchions, and shiuered euen to their hands. Then the Knight vnknowen lifting vp his eies, beholding hir vpon the scaffold, or [sic!] whome his minde endured a more perilous combat, receiued such comforte by the fauor of hir pittiful countenauce, as taking a newe launce from his Esquier, he broched his courser with the spurres, and setting his teeth wyth a couragious despight, couched his staffe so luckily, as the commaundeur failing his attainte, himselfe being hitte, was enforced to auoide hys saddle: wherof the good olde Knight somewhat ashamed, wyth a loude voice, pronounced these wordes: Sir Knight, I see well youre prowesse shall finde small resistaunce in this country, sith it may not be counteruailed in our company, wherein is assembled the floure of Knighthoode: Notwithstanding I require you, if you retaine as greate courtesie, as valiauntnesse, that we may entreate at your hands in recompence of the shame we haue receyued, to vnderstande what you are, to the ende, that both you may enioy the due honour you haue thys day deserued, and wee the contentment we shal obtain in knowing your name: but the Knight bending his bodie vnto yᵉ Commaundeur, whispered in his eare, beseeching him of pardon, for that he was not willing to be knowen. By this time yᵉ night began to couer the Element wyth hir brown mantell, and the people al maruelling at the wonderfull Chiualry they had viewed, be their crowsing noyse, sygnifyed theyr departure, when as all estates moued wyth exceeding desire, to knowe the Champion (nowe prepared to departe) came clustering about him in heapes, whiche caused him for reuerence sake to dismount himselfe. Then the Bridegrome, for whose honoure these triumphs were celebrated, claspyng hym aboute the necke saide: Jesu Sir Knight, wherefore are you displeased with the commendation and honour whych you shal acquire by the discouerture of your face: *and* therewyth seazing vpon the hinder skirt of his helmet wyth an ardent boldnes, drew it so rudely [40] or rather happily towards him, as the latchets and buckles slipping, he openly discouered the bare heade of our Rhodian Erastus, who besides his naturall beautie, painted hys cheekes wyth a certain shamefastnesse, like one in a maske or a mummerie, whose vizarde sodaynely falleth from hys face in the companye, from whence he woulde departe vnknowne: furthermore his golden lockes curled with the dewe of his long trauaile, aduaunced his countenance with suche a comely grace, as if his prowesse gained the price and reputation among the knightes, nowe hee obtained no lesse fauor among dame beauties minions, vnto whom this gracious visage was immediately knowne, but especiallye vnto the faire Persida, who with extreme ioy hadde sounded, if the escape of hir gallant friend from daunger of so many blowes receiued that day, had not tempered his motion, waying ioy and feare in one ballaunce with equall counterpaise. Al the knightes behelde Erastus, like men astonied, without vtteraunce of anye word, vntill Monsieur Phillip smiling began to saye, by the faith I owe to knighthoode, we haue to our greate honour desired the viewe of this amiable face, and may nowe aduaunt our winning with shame inough, being all ouerthrowen by this young stripling, who hath receiued vs with like entertainment. Thus speaking, he embraced the knight, blessing the houre of his birth, and the hand that so well employed the order of knighthoode, wherevnto (with a smiling countenaunce) Erastus answered: My lords, I haue greate cause to accompte this daye fortunate vnto me, wherein I haue gotten credite to proue my feeble force againste such personages as haue left the glorious markes of their valor and chiualry in so many perillous encounters of straunge countreis, vouchsafing to vse in my behalfe ye fauour of a maister of Defence towardes his prentise. I hoped the disguising of my visage, shuld haue serued for a curtain to couer my rude experience: but sith it hath pleased suche an honourable company to depriue me therof, at the least I beseeche you, my youthe maye excuse my presumption, and supplye the maske which you haue reaued from me. In doing wherof, you shall bynde me with the vttermoste of my seruice to acknowledge the honoure and curtesye, [41] whereby I remayne continually at youre commaundementes. His tale ended, whylest euery man disarmed them, to receyue the freshe ayre Erastus leaped lightly vpon the skaffolde, where after the entertaynement of a thousande embracings among the Ladyes and damoysels, at length he approched his Persida vnto whome (louingly clasping hir white delicate hande) softly in hir eare he sayd: Deare Mistresse, if I haue this daye deserued any commendation among the professors of faith, I auowe the same bounden to doe homage and fealtie vnto your beautie, whiche by a fauorable aspect, hath moste fortunately conducted me to atchieve the vnexpected ende of this enterprise: It is therfore good reason, I shoulde render thankes vnto your beautiful eies, which by their rigorous [sic!] fauour hath with one glance rendred me both victorious and vanquished. Euen as Persida was prest to be reuenged, all the Lordes, Knights, and gentlemen in courtly order, conducted their conquerour with greate triumph vnto the Pallaice of the Lorde Philochrise father vnto the bride, and that man thoughte hymselfe happy, and greatly honoured, that might carry either the launce, shielde or helmet of Erastus. So as for that time Persida coulde not aunswere hym, but onely by hir eye. All the company being arriued at the feast, the cheare was suche, as was requisite to entertaine the Kings of Persia: During whiche season no talke was ministred, but of the prowesse, courtesie, comlinesse, and good behauior of the greene knight, who in dauncing and other disportes, abridged in no pointe the greate reputation he had gotten, giuing all the aspectants suche pleasure to see him demeane himselfe so lustily and gallantly after his great toile taken the day before, as they passed the most part of ye night without regard of any rest. Who wold not haue our greene knight as prosperous in good hap and felicitie, as his hart coulde possibly wishe: yea, who would not haue called this daye the moste fortunate for him of all the dayes of hys lyfe, wherin he liued with greater contentation, than Diton or Sibilla. But alas it fell out quite contrary to his exspectation: for Fortune a continuall stepmother to suche, as she aduaunceth, determined to present the principall personage in this tragedie, and the better [42] to shewe the force of hir puissaunce, shee sette hir proude foote so rudelye agaynste thys beautifull foundation of Loue, that shee subuerted so muche of the worke, as was raised, makyng thys dayes trauaile, the moste vnfortunate for the poore gentleman, that euer could happen vnto him: (so greate deceyte and ficklenesse remayneth in hir mundayne wheele. The spring of the daye no sooner beganne to chase awaye darkenesse from the face of the Earth, but the people hied to place themselues vppon the Sea shoare, where they myghte wyth moste easye and greatest pleasure, beholde the sportes prouyded for that daye. When all the troupes were assembled, the peace [sic] perchyng on tiptoe, dispersed their wanderyng eyes, to seeke the gentle Erastus, who not founde, after diligent enquirie, it was certified that hee was departed sicke into the countrey verye early in the mornyng. — — — — — [43] Now to shew you the occasion of this sodayne departure, you shall vnderstande: Oure Knight hauing aboute his necke, the iewell he loued so dearly, wythout the whyche he woulde neyther walke, eate nor sleepe, esteeming the same the onely originall of hys delightes, rendring him a perpetuall remembraunce of hir presence, who was the onely maistresse of his affections: It happened by greate mischaunce, the bridegrome plucking awaye his helmet (as I tolde you) cutte the chayne in peeces with the gorget of Erastus armoure, who being discouered (contrary to his intent) was presently disarmed, so wonderfully rauished in delectation of the greate glorye hee receyued among so manye estates, as he perceiued not when the chaine slipped from him, being likewise so thronged with the presse (which greate desire vrged to beholde him) as he coulde not heare it fall, the place being paued with harde grauell, from whence he was caried triumphantly, so beside himselfe with extreame ioy, as hee perceiued not his losse. But alas, his mishap triumphed ouer his good fortune, as it was euident. In the euening when he vnarrayed himselfe to bedwarde, and missed his chaine, which caused him to passe the nighte in complainte of his disaster, hee calling to remembraunce the wordes his maistressé spake, when shee gaue the same vnto hym, his harte died with sorowe — — —

[45] Oh senselesse creature, said he, why do I confesse my self culpable in wishing vndeserued death, as though there were no other remedie? Oh foole, why accompte I my selfe vnfortunate sith euery man esteemeth me happie: what moueth

me thus to be enimy to my selfe: I haue lost a thing very deare vnto me, shall I therefore dispaire to recouer it, seing the fauour I haue obteined of al men? what if I can heare no newes of my Jewel, shal I therfore coniecture so great rancour to gouerne the creature in whome I coulde neuer perceiue but lenitie and pittie? shall I feare to be frustrate of pardon, and banished hir presence for one misfortune the which I could not anoyde: Thus the miserable Erastus taking both courage and counsel, dispatched hys seruant Pistan (whose trustinesse and fidelitye he had so often proued, as he durste haue committed his life to his credite, willing him to make searche and diligente enquirie to vnderstande who had found his chayne, but alas all was in vayne. for the cheyne happened into the hande of a Gentleman of the town (companion of our Martyre) who sought the good wil of a countrey Damosel, neighbor vnto the Lordship of Erastus, vnto whom this amorous esquire presently sent this chaine for a token. Immediately after, there was a feast in the towne, at the which, this countrey Damosel named Lucina, (who customablie neuer escaped any) was presente, forgetting nothing in hir closet that might adorne hir person, or augmente hir naturall beautie. God knoweth if the chayne were hydden in hir pocket, but whersoeuer it was Persida espied it, whose rolling eyes glaunced in euery corner like the haggard Falcon, whose eye serueth for a sentinell, whilest shee pruneth hir plumage in the sunne. Persida, perceyuing a stranger beautified in hir feathers, grew in such choller, as fearing least hir countenaunce shoulde bewraye the disquiet of hir mynde, she forsooke the company, and in excuse of hir departure sayde. that the streyghtnesse of hir gown greued hir so sore as she was very ill at ease therwith, and the better to counterfeite the matter, she caused Agatha to vnclaspe hir bodie: but alas she was griped with an other claspe more vneasye to be loosed. In thys [46] perplexitie she threwe hir selfe vppon a bedde, and commaunded hyr mayde to depart, faynying she woulde take some reste: but by no meanes she could entreate Agatha to leaue hir alone, which in deed had bene very perilous for the yong gentlewoman.

For as the heate of glowing brondes couered with ashes, are more feruente and violent when they breake out, than the flames of blazing brushe discouered and dispersed in the open ayre, whose visible shewe threateneth more confusion than there is force in the fier to perfourme: Euen so the desolate Persida cloking and dissembling cankered despight in hir feeble stomack, receyued so sodaine a Larum and sharp assault of sundry tormenting conceyts, as if teares had not presently quenched and sighes disgorged the scorching sparkes out of the furnace of hir boyling breast, she had of force immediately consumed into ashes. —

As it is very difficult to conuey treasure from the couetous myser without being espied, whose vigilant eyes and suspitious thoughts attend continually vpon the same: euen so the absence of the perplexed Persida could not long be concealed from the amorous Erastus, who fynding hir aboade very long, imagined diuerse fantasies, ap- [47] prochiug neare the truth, the which renewed his mortal wound, that not long before was almost cured by a fomentation of the oyle of time, and neare skinned with hope of the recouerie of his welbeloued Jewel. Nowe to satisfye his minde, finely slipping asyde, he repayred to the chamber whither his hart and eye conducted the Damosel at hir departure, whom he found so extremely plunged in perplexities, like one depriued of al sense, and ouerpressed with passions, as she perceiued him not vntill he seased vpon hir delicate hand. Then feeling hir troubled minde enclosed with new dolours, not able to vtter one word, with a threatning countenaunce and harte swollen with Ire, she turned hir disdainful face to the contrary side, whiche caused Erastus, vanquishing his suspition by the discouered verity, with a forced spech to vtter these words: How now deare hart, wilte thou be sicke, whilest other be merie? is there no remedie for thy griefe, nor any mean make thee partaker of our mirth (I say our) although the sorow I feele for thy disease iustly depriueth me of al consolation. Where vnto the Damosell (percing him to the quicke with a cutting looke) answered: Ah harte more trayterous and dissembling than very flatterie it self, is it possible that your deceytful tong can wish hir wel, to whom your harte meaneth so much mischiefe? Is it possible your outward couloured countenance, can couer the disloyaltie you so lewdly pretend inwardly? Alas can one creature be both my Phisition and murtherer: and is it possible that a body of such substance cannot comprehend one drop of pure bloude to vanquishe a flattering face? Ah mocking mouth, how long shal I be bewitched by thy faire speche, thou pyper of false wordes? Ah lyer, ah periured wretch, ah disloyal losel, wherfore dost thou glorie to deceiue a simple mayden whiche beleeued thee, and sekest with thy fardell of trash and trumperie to abuse hir that loued thee. Alas my childish simplycitie deserued rather grace, loue, and fauour. But vnfortunate creature that I am, sith my peruerse destinie once in my lyfe hath bounde me to loue, wherefore hath it grafted in me a stedfaste and loyall hearte? wherefore was it not made of yron or steele to wythstande the dartes of all amorous pittye? or at the [48] leaste syth the heauens decreed to harbour in my breaste a liberall and constant mynde, why dyd they suffer me to make the moste vngratefull disloyall and waueriug beast, that euer woman bare, possessour thereof? Alas wherefore haue they ordeyned and vowed me to him, who without regard of my desertes (if constante loue and faithful good will merite anye rewarde) hath rendered me so pittiful recompence? Haue I frequented your company from my tender youth, (said she) (casting hir head into hir bosome, hir eyes flowing with brinishe teares) and yet could neuer know you? suffering my true faith to be deceyued by your disguised semblant? could the poyson of your enuenomed harte lye so long hidden vnder the counterfeyte shewe of your dissembling face? —

Well, wel, let hir raine hir head softly, and brag in my cheyne, let hir attire and decke hir selfe with my spoyles, sith that she is inheretrix and possessed of the loue due to me only, whereof I made so great estimation, as I despised al other earthly delightes. Let hir glorie in my shame, and reioyce in my sorowe, whilest I lament and repent the peruerse planting of my pure affections. Ah Erastus, Erastus, it was not against me thou [49] shouldest haue deuised thy crafty collusions so cunningly conueyed: but I am a happie creature to vnderstand them so timely. Wherfore from henceforth I renounce the vowes, and reuoke al the fauour wherof thou hast bene partaker by my follye, and render thee free libertie to seeke recompence at hir hand, who is so beholding vnto thee, vntill thy wandering affections glutted with one dish of dainties, giue thee appetite to search more delicate diet. Banish me therefore for euermore from thy sight and speech, and blot me clearely out of thy remembraunce: as l for my part, wil practise with al mine endeuor to regester thy lewde demeanor in the roll of obliuion. And to the ende nothing maye hinder myne entent, to here the parted pledge of thy falsed faith, which I restore vnto the right owner, with desire thou mayest neuer thinke, how dearely I haue vntil this houre preserued it. Wherat hir fainting wordes, strangled wyth sobbes and sighes, died in hir appalled mouth, leauing Erastus so liuely besieged, as although he were sufficiently armed with Constancie, and strougly fortifyed againste this rude assault, notwithstanding he was forced to yeld the Sconce. The conquered Captaine perceyuing this cruel Alarum finished, and that it behoued him to defende his charge, except by silence he would confesse the crime, comforted his hart, and hartened his tong, and with a fainte courage after some pause, discharging a deepe sigh he aunswered: Oh God, why is my happe so harde, to be accused without deserte? wherefore haue I founde so uniust a Judge to heare and determine my fauourable and rightfull cause, as pronounceth iudgemente before mine innocencye be scanned? Ah deare dame, wherfore do you so greatly wrong me, as to credit by surmise the thyng you neuer had any occasion to conceiue? Wherfore (alas) haue lyes such aduauntage of ye truth: what froward fortune hath made me subiect to his peruerse slaunder,¹ whereof I cannot obteine licence neyther to excuse or cleare my guiltlesse conscience? wherefore hath false reporte at once depriued me the grace so luckilye attained by my long and loyall seruice? Swete mistresse I beseech you for Gods sake, graunt me this one fauor (aboue the rest I haue receyued of your goodnesse,) [50] that before you pronounce the sentence of my death, it may please you to be aduertised what misfortune bereeued me of my chayne, the onely cause of your iust displeasure. Then he opened by processe, how beeing vnmeasurably affected vnto the seruice of his Mistresse, through the cautels and mutabilitie of fortune he had lost all ioy with his Jewell. — —

[p. 51.] And Persida repented secretly hir extremitie, which had almost caused a maruellous mischiefe, determining to amende at leysure hir hastie rigour. In the meane time Erastus auoyding the Chamber, durst not approche the presence of his Mistresse without the chayne, and deuised in his mynde howe he might obtayne it of Lucina, who enioyed it, beeing altogither ignoraunt who gaue the Jewell vnto hir. Woulde God (sayd he) I were to deale with a man, that I might recouer my losse by fine force: but sith my controuersie is agaynst a woman, it muste be wonne by loue and fauoure. Wherefore he resolued from thenceforth to purchase the Damosels good wyll by amorous practises, wherein he played his parte so cunningly, as he quickly deserued the name of a friende: whiche greatly impayred the sore he sought to salue. For this deuice bredde greater motion of suspecte in the ielous brayne of Persida, who by meanes thereof made full reckening of so probable euidence agaynst Erastus, as he coulde alledge no excuse sufficient to colour his disloyaltie. Neuerthelesse, bicause she woulde be priuie to all his dealings, she planted espies, which at all times and in euery place diligently attended vppon this poore Louer. Who one nighte going in a Maske to visite his newe Mystresse, proffered to aduenture a riche Carquenet agaynst the Chayne, requiring the same by signes in playe, the whiche after a matche concluded, by good fortune he wanne, and presently departed the ioyfullest man liuing, without discouerture of his person. True it is, Lucina who had receyued the Carquenet in exchaunge of hir Chayne, knew his chapman, otherwise she would hardly haue departed from the Jewell she esteemed passing all earthlye treasure. But beholde [52] (deare dames) a cheyne recouered with gayne, whiche shall procure greate losse, as you shall heare: so contrarie all things succeede to suche as importune mishappe purzueth. The day no sooner appeared, but our Erastus, possessing the fruition of his desired Jewel, decked his comely corpse in the brauest manner, as he was accustomed, determining, wyth all conuenient speede, to repaire vnto his Mistresse mansion with a chearefull countenaunce, and to make attonement of their passed quarrell. But at his presente departure from hys lodging, he encountred the louer of Lucina, who already hauing him in iealousie, perceyuing assuraunce of his suspect, redoubled his malice *and* malicious intent by viewe of the cheyne, whiche he knew immediatly to be the same he gaue his mistresse not long before, whereby he entred into such sodaine rage, as vnable to qualifye his choler, he exclaimed in this order: Thou naughty *and* deceitefull villaine, where hast thou stolen this cheyne, wherewith thou braggest in this brauery? and railing in this manner he drew the sword, aduauncing to assaile Erastus, who not vntaught to coole his courage of such crakers, within three blowes pierced the Throte, from whence proceeded so iniurious obloquie, hys enemye disgorging a brooke of bloud from hys receyued wounde, dyed presently in the place. This slayne gentleman beyng of noble parentage, and greatly friended by reason of his good qualities, which entertained and acquainted him among the best was much bewayled of manye, and reneuge of his death so earnestly pursued, as if Erastus (notwithstanding hys fauoure and credite in Rhodes) had not by spedie escape saued himselfe, he had daungerously auoyded the markes of too late repentaunce. Alas, beholde the manne in flyghte to shunne the summons of death, banished hys countrey and friendes, depriued of all worldly pleasure and commodities, who euen nowe possessed all ioye, honour and Earthlye felycitye: Fortune hathe full well sufficient occasion to contente hir vnconstancy, hauyng for hir pleasure reduced this poore Louer from the mounte of mirth to the vale of misery. But this greuous was nothing noisome [53] to his stomacke, in comparison of the absence of Persida, whose remembraunce and displeasure more pinched his hearte, than the tormentes of a thousande deadly pangs. — — — In the mean time, onely accompanied with his trustie seruant Pistan, he iorneied towards Constantinople, where he was not so soone arriued, as knowen of diuers Lordes and Knightes, who being witnesse of his vertue and valor that daye that Justs and Tourneys were solemnized at Rhodes, entertained him according to his merites, making so greate estimation of hys prowesse, as the published fame therof sounded in the eares of Soliman Emperoure of Turkye: Vnto whose magnificence Erastus was presented by the Coronel of his armies, with commendation to be the moste valiant, hardy, and experte Knight at armes liuing. Soliman entertained hym, and imployed his newe souldior in pettie exploites, which he executed with such effect, as he gained greater estimation with the Emperour by hys acts, than reportes ministred cause of liking. So that, as well for the assuraunce of hys fidelitie, as for hys soueraigne valiauntnesse alreadye experimented, he constituted him Coronel of his Janissaries (whiche we call captaine of the Guarde) and sent him with a puissaunt regiment, to inuade Gasella, whiche was reuolted from the Emperoures gouernment, hauing assembled al the army remaining of the Mamelusians: Where fortune (whose mutable nature constraineth hir to raise againe those she hath subuerted) was so fauourable to his vertue, as she graunted him happy successe in the issue of this enterprise. And striking while the yron was hote, by the Turks commaundement he besieged Belguarde, and toke it with the death of King Loys of Hungary, after the whiche, accomplishing diuers other notable exploites, hee retourned with glorious triumphe: Wherby hee grewe in suche fauoure and credite wyth hys Lorde, as he elected him one of his Bachattes, and of his priuie [54] Councell. Wherein among other secreate affaires belonging to the common wealthe of the Empire, it was consulted, during the mutuall warres kindled betwixte Frauncis the french King, and the Emperoure Charles, whereby the Christians wer in way of perdition, and determined (considering the apt occasion presently offered) to inuade and conquer the noble and puissaunt Isle of Rhodes, whiche was supposed to be the inuincible key of christendome. Hervpon the whole councell resolued and concluded, Erastus was supposed the meeteste man among them to vndertake the enterprise. Who after due reuerence vnto the Emperoure Soliman, humbly besought his highnesse, that althoughe iust occasion vrged him to seeke reuenge against his vngrateful Countrey, where vnto hee liued in exile: Neuer the lesse, that it woulde please hys maiestie to pardon hym, that he mighte not be assistant in any expedition so vnlawfull, not for any disobedience that remained in him (for he sought but occasion to testifie and make apparant his faithfull seruice) but bicause his duty rather consented to receiue cruell deathe, Soliman aduisedly considering his request, wonderfully commended his good nature, as if in his seruaunte Erastus, he had vewed another Themistocles resuscitate from the graue who in his time indued with singular bountie, chose rather to dye couragiously than vndertake the destruction of hys natiue Towne, whiche hadde vniustly banyshed hym, fearing to be esteemed a monster generate of some viperous brood, and borne to be the death and ruine of his countreymen, countrey, and naturall mother. Wherfore Soliman in person tooke his voyage wyth an huge armye, conducting all his Galleys, galiottes and Galliasses, whiche were infinite before Rhodes, where his presence tooke suche effecte, as executyng dyuers secrete practises, the Islande was rendered vnder hys obeysaunce in the moneth of June, and the yeare of our saluation. A thousande, fiue hundred twentie and two, as farre as I remember. And althoughe the inhabitauntes shewed themselues verye wilfull, the victorious Emperoure notwythstandyng (in fauour of hys gentle Knyghte, of whome he was alwayes myndefull) vsed more benignitie towardes them, than the [55] rigour of Warres dothe vsually permitte. Euen as Alexander the greate pardoned Thebes for the loue of Pindarus, and Stagirius [sic!] for the good will he bare to Aristotle: or as the fortunate Augustus entreated rebellious Alexandria at the requeste of Arrius.

It was a custome among the Turkes at the takyng of any Towne vpon the enimye, to make choice of the moste accomplished Damoisell in beautie and personage among all the captiue Virgins, to present vnto the principall captayne, supposing they could not offer hym a more honorable portion of the booty and pillage. This moued them to choose Persida, whome they found in a religious Monasterie of close Nunnes, whether shee was retired to demean a solitary life, hir delightes being clearely abandoned throughe the disaster and exile of Erastus hir deare friende.

This Nimphe, the Turkishe troupe presented before the Emperoure Soliman, who presently frying in the flame of this celestiall lampe, vewing the desolate Damoisell lapped in lamentations, and almoste drowned in the streames of dispaire, which distilled abundantly from hir christall eies, immediatelye commaunded she shoulde be conueyed with greate pompe towardes Constantinople, shewing in hir presence, his gratious countenance and beautifull liberalitie vnto al hir kinred, how far off or neare soeuer they were allied vnto hir, to the ende hee mighte thereby winne hir fauoure, and pacifie hir sorowes. Oure captiue departed from Rhodes, and arriued at Constantinople, was lodged among yong Damoysels, nourished, maintained, and taught by olde cunning Eunuches, to sing, daunce, playe on instruments, and to speake the Arabian tongue, committed to their chardge, as a principall threasure to delyghte the Emperoure. In thys cage Soliman supposed hys mournefull Turtle myghte prune at pleasure hir feltered plummage. At hys retourne he went to visite his prisoner, beholding with greate admiration, the giftes wherewith Nature had rendred hir viewe wonderfull. And althoughe pensiuenesse, hadde exceedingly blemished hir beautie [56], decaying it (as a sharpe showre fadeth the garden floures) yet felte he his fantasie enflamed with the loue, which sometime triumphed ouer the hearte of Achilles at suche time as Bryseida his prisoner in hir mourning attyre vanquished him after his victorie. This amorous Emperor, after many louing embracings, *and* gorgeous gifts profered vnto our desolate Persida (as he whose noble minde regarded more a willing kisse, than a forced contentment importuned here with amiable petitions. The Damosel (resolued rather to dye chaste, than liue dishonoured) for aunswere of his demaund, disbursed abundance of teares and sighs, as she whose hautie courage vanquished by hir proper miseries, prognosticated the future effect of noble enterprises, which caused Soliman somewhat to temper his affections, who leauing hir in this extasie, departed hir chamber, staying wythout the dore, whiche was no sooner shutte, but she opened hir mouth, complete with sorowful lamentations, and disgorging soaking sighes, as hir stomacke wold rieue, sometime she bewailed hir Parents, then hir Countrey, nowe hir friendes and beloued companions: but all, so pitifully, as the Emperoure. who harkened attentiuelye hir whole discourse, in despight of nature was vrged to compassion, whiche vntill then neuer harboured in hys flintie Turkishe breaste, and constrained him to be partaker of hir dolour. But aboue the reste, his harte was drowned in pittie, when as vnfortunate Persida folding hir languishing armes aboute the necke of hir maid Agatha. after the end of hir former complaint, began thus to exclame: Ah my trustie friend, haue I not in one moment exchaunged all my delightes for euer, to leade a life ouerwhelmed with miseries: yea such a life as my enuious fortune hath reserued for my laste rewarde. But alas, among so many euill happes as oppresse me, there is not one to finishe my irkesome loathed life. Oh howe comfortable were the pinching pangs of death to my soule? yea howe easyly shoulde my bones be lodged in my graue, if before I resigne my languishing ghost, my dimmed eies might viewe mine Erastus, or my dulled senses once vnderstand any inkeling where, or how he is bestowed. — —

[p. 57.] Wherewithall a floude of teares troubled with a storme of sobbing sighes interrupted hir speeche, and with a mortall furye shee drewe a knife from vnder hir gowne, whyche shee hadde prouided for the purpose, fearyng to bee preuented, by the force whereof (lyke vnto Lucretia) shee resolued to finishe hir wofull lyfe: And all dismayed, wyth a tremblyng hande, shee sette the poynte thereof vppon hir Lyllie breaste, euen the breaste, a perfecte fortresse of Chastitie. When the Kyng, maruellouslye amazed to viewe hir furious enterpryse [58], rushed open the dore, and at one leape seysed his cruell friende, crying: Ah deare darling, wherefore wilt thou so vnkindly harme the thing which deserueth so carefully to bee preserued? Wherefore dareste thou wyth a deadly toole, force that which by hir delicate force, hath force to enforce the moste saluage and senselesse creatures of the worlde? The poore Damoysell lyke a thiefe taken with the facte, astonied, and muche grieued to bee founde in this estate, but more discontented, hauyng failed the execution of hir attempt, letting the knife fall from hir quiuering fyngers, fixed hir eyes vppon the Earthe, wythoute the vtteraunce of any speeche. Then the Kyng remembring how affectuouslye hee hearde hir recorde the name of Erastus oftentymes in hir lamentation, speedilye dispatched a Poste, wyth commaundement from his Maiestye, to repaire to the Courte wyth all expedition: Erastus curteous audience, made hys desolate abode in a woodde adioynyng to a Wildernesse, halfe a dayes iourney from the Citie, where wyth greate griefe hee complained the calamitie of hys Countrey, but especiallye the disaster of hys poore maistresse, whome hee reputed euermore forlorne, resolued in thys solitary Mansion, to finishe hys miserable dayes, demeaning suche sorowe, as hys vnspeakeable losse worthilye deserued: yet beeyng sente for, to his great trouble, failed not to come wythoute delay armed to encounter nothyng but wofull tydings. Being arriued, hee presentlye pressed to the Emperoures presence, who wyllyng hym to arise from the Earthe, leadde hym to viewe the desolate beautie, from whome hee hadde taken the knife, and committed vnder sure garde, bycause hee perceyued hir eares stopped, and hearte hardened agaynste all perswasions of consolation. The Emperoure demandyng, if hee knewe the Damoysell: Erastus astonied, as one newlye risen from sleepe, knewe not whether hee waked or dreamed: Neuerthelesse, to playe true or false, runnyng towardes hys recouered Persida, caste hys displayed armes aboute hir necke, locking mouth to mouth so close, with the pleasaunte keye of extreame ioy, as thereby the soules of these two Louers were neare vnlosed from their bodies, who deuoide [59] of perseueraunce. remayned in a maruellous extasie, vntill the fountaine of loue, streaming from their eyes, gaue libertye vnto restrained speeche. — —

Soliman behouldyng the effecte of this vnseparable loue, embraced the twoo Louers, maruellouslye astonied to vnderstande so strange aduentures, and willingly hadde required to make a thirde, (as didde the Tyrant Dionisius) if the case hadde imported [60] but amitie. — — — Then beholding Erastus, hee saide: Sir Knight, sith your loue is so sincere towardes thys Damoysell, as is apparante, I giue hir vnto you as Louer and lawfull espouse, althoughe I am enforced to confesse, that hir beautie, wherein shee surpasseth the moste excellent of Asia, hathe vntyll this presente hadde aucthorityc to commaunde mee. But in this behalfe I wyll vanquishe my proper affections to giue you triumphe ouer my victory: assuring you, that your aduauntage and commoditie, hathe more puissaunce in mee, than myne owne. Wherevnto Erastus answered: My Lorde, I humbly thanke the Heauens whyche haue planted a hearte so noble and vertuous, in the breaste of my soueraigne King, to haue power to brydle his will, the whiche is vnto you a Trophee more glorious, than if you hadde conquered the Occidente Empire: Wherein sufficiente proofe confirmeth youre succession from the excellent race of the Othomans, yeelding vnto you worthilye the rule and commaundement of so many goodlye Realmes and riche Regions. I render also immortall thankes vnto youre Maiestie for the greate goodnesse I haue thys daye receyued of youre liberalitie whyche I hope to acknowledge, by all the seruices I maye possible do vnto your excellencye, supposyng my selfe in suche wise bounden thereto by thys admirable fauoure, as from henceforthe I shall esteeme the losse of a thousande lyues vnsufficient to gratifye the same. Immediatlye the marriage was celebrated with great solemnitie and magnificence, whyche the Emperoure honoured in person wyth hys whole Courte. But cursed bee that honoure whereby greate dishonoure ensueth, and horrible myschiefe [61] is commytted. Soliman gaue greate and ryche giftes, and constituted oure Bridegrome Lieuetenant and gouernoure of the Isle of Rhodes, whither our fortunate Louers within fewe dayes after the wedding was ended, parted with consent of the whole Seigneurie. — — — But aboue the rest the Emperour Soliman touched to the quicke with the dartes of hir eyes (the languishing heades whereof were bathed in the sugred venome of hir delicate deuices) yelded his vanquished libertie to the mercie of this diuine beautie: And loue, whom he pretended to resist, planted his proude foote vpon the Princes heade: so as, whether by the supposed fauour he receiued at hir hande, who fought that day to honour him with all hir endeuour, [62] which he construed to proccede of loue (as Louers take euery thing for their aduautage) or for that he stoode to neere this pleasant fire, he felt his heart so warmed, and his former intent so altered, as al his determination was wholly to please his pardoned captiue, who by a cruell reuenge, nowe emprisoned him so straightly, as although (reuiuing his auncient vertue) he was resolued to deliuer hir, yet with ioyned handes he was enforced to require grace. So as this greefe by little and little grewe so great, hauing taken roote by his consent, as in a while neither continuance of time (which breedeth obliuion) nor the distaunce of his Louers abode, nor yet the remembrance of the seruices receyued of Erastus (which bounde him only not to be vngratefull, but also to mortifie his passions) coulde not dissuade him from bitter repentaunce of his too frank offer and vnaduised liberalitie: by the which he departed from a Jewell more precious and worthy of estimation vnto him, than the halfe of his Empire. — — — — [65] he purposed for his comfort to impart his greefe vnto his Cousin Brusor Bellerbeck of Seruia, who like the other Princes of Sangiacs, enuied Erastus extremely, because he had bene more aduaunced by the Emperour than their ambition could tollerate. Nowe after long deliberation and counsell in the matter, it was supposed betweene them a thing vnpossible, to allure the rebellious and obstinate Persida, vnlesse she were first depriued of Erastus, which (quoth he) will be easily compassed, notwithstanding the loue and fauour he hath obtained among the garrisons as well of the Janissaries, as the Estradiots, so that your Maiestie will sende for him by your straight commaundement, the which I am certain he will not disobay, but make his speedy repaire with his whole familie: and beeing present, I will finde occasion he shal be accused of reuolt and rebellion, whervpon being committed to prison for the offence, iudgement and execution of death may ensue. The Emperour ioyfully embracing this wicked Counseller, commended exceedingly his inuention, and dispatched him presently to practise the execution of his diuelishe deuice. At his ariuall at Rhodes, the honourable entertainements he receyued (vnmeete for a mischeeuous meaning) might haue conuerted his malicious minde from the prosecution of his bloudy enterprise of courtesie and innocencie had entreated a valiant hart, as they encountered a trayterous entent. But Brusor vnder colour of secret and waightie affaires, allured and ledde poore Erastus to Constantinople, where he was no sooner alighted from his horse, but the Marshall of the Emperours housholde attached *and* committed him close prisoner vnder sure garde. The King supposed to seyze vpon his Louer (as the hungry Hawke stoupeth like a leaden lump vpon hir pray) nothing mistrusting the feuer which detayned Persida, but he reckned without his hoste, and fared the worse for his snatching. At laste finding his fancie deceyued, blaming his haste, he deuised howe to satisfie his faulte. Neuerthelesse, resolued to strike whyle the yron [66] was hotte, with speede prosecuted the processe agaynst the poore Gentleman, and by false witnesses of purpose prouided, Erastus was accused, *and* conuicted of treason and rebellion, for that he had consented (sayd they) to deliuer the Ile of Rhodes into the possession of the Christians: for which offence iudgement passed vpon him, and by the Emperours commandement he was beheaded. Wherwith those whose minds had vertue in recommendation were so miscontented, as they could not refrayne to murmure *and* rayse sedition. But Persida, who coulde not long forbeare the company of hir yong husbande, shooke of hir sicknesse, purposing to meete him homeward: But alas hir iourney was soone stayed by a sodayne report of the treason so lewdly conspired, and the lamentable death which ensued. So that enraged dolour assailed hir in such sort at these sorowfull newes, as she returned in a sounde vnto the bed from whence she was so lately awaked. And by the efficacie of this mortall passion, had finished the smal remainder of hir life, the which (fearing it would continue to long) she sought to aduaunce by the reuenging power of hir misfortune, so as brusing hir white brest, and tearing hir yelow heare, she imagined what sodaine death might dispatch hir with least payne (sith in this life there was no hope of grace to be expected for hire reliefe). When poore Pistan hir trusty seruaunt (newly returned after ye death of his good master) seeing he could neither comfort nor dissuade hir from hir pretended mischiefe, spake thus: Madame, sith

you will perseuer in rigour agayust your persou, at lest I
beseech you defer the execution therof vntil you haue reuenged
the death of the best Knight that euer bare launce, and testi-
fied what power his innocencie hath possessed in you euen
after his death. Then will we depart and carie ioyfull tidings
vnto the Paradise of blessed soules, where my master atten-
deth our comming. These words somewhat appeased hir fury.
wherby taking a manly courage she assembled succours, mustred
souldiers, *and* made prouision of necessarie furniture to resist
the power of barbarous Soliman, who made no long abode
with gret ordinance to approch *and* inuade this inuincible
chastitie, like as the roring Lion deuoureth the fearefull hinde:
But contrary [67] to his expectation, the Castell was so well
defended as he knew neither wher he was, nor what to do,
now cursing his tyranny, then his licentious desires, ye only
occasion of so great mischiefes. Neuerthelesse, hee determined
to goe throughe what so befell therof, *and* to see the ende what-
soeuer it cost him. Wherin he had bin deceyued if the wofull
Persida, consenting to liue so long after the losse of hir deare
friend (the greefe wherof permitted hir neither truce nor rest)
had not ayded him, lingering happily to testifie vnto the ashes
of Erastus, (the liuely memorie whereof continually consumed
hir) how his death extinguished not their eternal loue: wherby
buckling vnto hir body the armour which sometime pertained
vnto hir friend, I meane the grene armour, the perfect temper
wherof was so doughted, after many lamentations of force to
moue the dumbe towers of the Fortresse to pitie hir distresse,
she mounted to the top of a vault, where bending hir watered
eyes and woful hart with ioyned hands vnto the heauens, she
prayed hir creator to receiue hir pure *and* cleane soule betwixt
his armes into the company of his soule, whose body now
dead liuing was the onely Lorde of hir chast *and* sincere
desires. Then casting hir bedewed eyes towards the sea side,
she perceyued the Turks preparing their power to assault *and*
enter the Castell. Among whom espying *and* knowing Soliman,
with a sterne voyce she exclaymed: Ah mischieuons Barbarian,
thou cruell and vngratefull wretch of mine Erastus benefites,
whose seruices thou hast so tirannously recompenced, embrue

thy bloodie pawes, and glut thy greedy paunch with the bloud of thy faythfull seruaunt, whom thou hast not wholly murthered, behold here his one halfe yet liuing. Finishe therfore thy wicked brutish tyrannie, at lest if it haue an ende. This sayde, she aduaunced hir head and breast aboue the battlementes of the wall, making semblaunce to discharge this Canon shot agaynst the Turkes: who taking hir for some souldier, loosed a volue of shot, among the which two bullets sent from a Musket stroke hir through the stomack, wherwith the vertuous Dame feeling the approche of hir death, sate downe, crossing hir armes and staying hir head agaynst a stone, lyke a stacke of Corne, whose [68] binding ridge is ouerblowen by a boysterous blaste of winde. Oh constaucie meritorious of the heauens, oh death worthy of eternal life, the glorious Angels conduct thy soule among the blessed saincts. and thou vngracious gemme, art thou not ordayned to dispight Dame nature? Sith thy mettall, fire and thunder, dare presume to offende hir principal handyworke. Ah beautifull and vertuous Damoysell, why shewed the heauens their liberalitie in bestowing their gracious gyfts so abundantlie vpon thee, and so nigardly to impart fortunes blessings towards thee? who because thou art not an abiect as hir other common creatures, but vnder a humaine shape hast enclosed a precious sparke of diuinitie, could not abide thee, like the foolishe dolte, that esteemeth and lulleth his Bable [1]), and stampeth precious treasure vnder his feete? Alas faire creature, deseruedst thou so cruell entreatie? vnlesse thou wouldest make no better market than that thy destinie had vowed thee, to the ende the perfectest couple among men hauing bin companions of a short and sorowfull life, might be likewise partakers of a dolorous death. The newes of the Ladies maruellous accident was not long concealed from them of the Castle, who astonied of so great constancie, mused not to complayne suche a losse, but in playing dooble or quit, determined to imitat this notable vertue, lest they should seeme in any respect inferiour to women. Wherfore as well men as women armed them as ioyfully as

---

[1]) = bauble.

a bride putteth on hir wedding apparell, and orderly marching in faire ordinance vnder the conduct of good Pistan, issued out furiously, where beeing weerie of the gret slaughter of their enimies, they skirmished so desperately, as they yeelded but only to death, who taking them to mercy, gaue then glorious manumissiou of mundayne miseries to make their soules triumph among the inhabitants of heauenly felicitie, which treade vpon the head of peruerse fortune. Thus the cruell Tyrant tooke possession of the Castle, wherinto entring fearfully, he found no creature but the pale body of coragious Persida, resembling a Rose which by age hath lost ye red liuely hue, loking so swetely as man would haue said she slept, if hir set eies *and* losse of bloud streming from hir woundes, [69] had not ministred manifest aduertisement of certain death. Oh who coulde expresse the sorow of Soliman, seeing after so manye trauailes, the beautie mortified, for the whiche hee liued. Alas, after hee had a thousande tymes kissed hir colde mouth, hee drew his faulchion, and brandishing his poysie brond about him, he hurt and slew as many of his people as would abide, but speedily they fled hys presence and lefte hym alone. As length gathering his wittes vuto him hee deuised by what meanes hee might amend his faulte, and accomplishe some notable reparation vnto the diseased soules of the two louers, so cruelly offended. Then immediatly hee sente for al the Princes and Lordes of hys countrey, commaunding them honorably to conducte the heade and body of Erastus from Constantinople to Rhodes. In the meane time hee called togither the moste cunning Caruers, Grauers, Painters, drawers of workes and limmers, commaunding them to finishe a beautifull bed of white Marble perfectly pollished, wherin the bodies of Erastus and Persida seared, washed and embaulmed in oyle of Ceder, by the Emperoures commaundement were layde vppon pillowes wroughte, and embrodered with gold and silke, hauing firste apparelled their bodies with the richest robes that might be possibly deuised, whereuppon pearles and pretious stones of inestimable valure were not spared. Then hee caused them to bee enclosed in a closet or cell of liue Venice Christall, wherevnto adioyning, hee builded a quadrant Aulter quartred wyth Hebain, Jasper, Geat, and Purphiry, beset with Agattes and Margarites, wherevppon was eleuate the Image of Faith embracing Venus, bearing in hir hand a wheele, in the top wherof stoode the figure of Constancie, holdyng in the one hande the ring, and in the other hande the chaine whereof wee haue spoken before, and the foure vertues Prudence, Justice, Fortitude, and Temperaunce, were placed vpon the foure corners of the Altar, who leaning their heads in their lappes, shewed a desolate countenaunce. The whole worke was so excellently finished as I doubt neither the sepulchres of Loys the twelfth, and Frauncis the firste, whiche are at Saint Denis in Fraunce, nor the famous Tombe of Mausole are comparable to this, whiche surpassed the [72] workemauship of the Colosse, round about the bed wherin rested these loyale Louers, were the pictures of Pistan and Agatha, with the other Damoysells whiche were founde deade in the battaile, sitting orderly in chaires of Corall and Iuorye. This monument is yet to be seene in Rhodes, wythin a Chappell of blacke Marble, in the toppe whereof the sorrowfull Soliman (who euery daye visiting his workemen, bathed the worke wyth warme tears) commaunded a Piramede of brasse to bee erected, in the heigth whereof, hee caused the traitor Brusor to bee hanged, in guerdon of hys wicked counsell whereof you haue had vnderstanding. God graunte al false counsellors and seducers of princes the lyke rewarde. When all things were accomplished to the Emperoures contentation, acompanied wyth all the Princes, Lordes, *and* Ladies of his Courte in mourning attyre, he celebrated the obsequies and funerall pompes, castyng flowers and perfumes, with so greate lamentatious, as they seemed rather people iudged to dye, and going to theyr graues, than mourners lamenting the funeralles of others. Beholde howe thys poore Barbarian with a Persican sumptuousnesse and memorable honoure of eternal fame, sought to repaire his tyrannicall crueltie committed, protesting to consume the remainder of his solitarie life in sorrowfull repentaunce, constituted from the funerall daye for euer, a solempne feaste to be solemnized, whiche to this day is nominated The feast of Lamentable Loues, and is yerely renewed in the pitifull remembraunce of the deade. In whose fauour the Emperoure graunted greate liberties, and gaue generall pardon vnto the whole Isle. But in takyng breathe. I hadde almoste forgote howe in this Temple there was a brode plate of fyne golde of Ofir, wherein was written in Azured letters the whole Historie, with thys Epitaph ensuyng.

1. In passing by this place, my frende,
Disburse thy brynishe teares,
Beholde this pearelesse Princely pile.
The whiche true recorde beares
Howe Soliman to worke hys wil,
Hath cutte the fatall threede,
[69] [sic] And made a wofull sacrifice
Of two that here lye dead.

2. Within this gorgious stately Tombe,
These creatures are enblosde, [sic]
On whome dame Nature in their life
Hir golden gifts disposdd:
In beautie, witte, and comely grace.
None liuyng might compare
With these, whose loue was linckt in one.
Their vertues were so rare,

3. That heauen with al the heauenly powers
Grewe iellous of these wights,
And did suppose the earth too base
To yeelde them due delightes:
They gaue the worlde aucthoritie
These louers to disdaine:
That they amid their flouring youth
Mighte with the gods remaine.

4. By Fortune, Enuie, and by Death,
This couple caughte their bane,
When harde mishappe by princely power
Enforste a Virgins shame.
He in redresse of infamy
This Trophee did denise:
A memorie perpetuall
Wher these two Louers lies.

5. Oh Soliman thou Turkishe prince
Thy tiranny deplore,
Erastus with his Persida
Doth ioy for euermore,

> Whose perfecte loue and Amitie,
> True witnesse of thy blame
> Shall blased line eternally
> Triumphantly by fame.

Einige Abschnitte dieser weitschweifigen und schlecht stilisirten Erzählung, welche für unsere Zwecke nicht in Betracht kommen, habe ich fortgelassen, z. B. den Briefwechsel zwischen Soliman und Persida. Das französische Original der Novellensammlung habe ich nicht ermitteln können. Nur in der Schrift ‚De Bello Rhodio libri tres‘ des Jacobus Fontanus (Fontaine) (Parisiis 1540) p. 73 habe ich eine historische Grundlage für die Geschichte von Erastus und Persida gefunden.

Es wird wohl nicht bezweifelt werden, dass die Novelle von Soliman und Persida dem Verfasser des Dramas wirklich als Quelle gedient hat. Denn nicht nur stimmt der Gang der Handlung im Allgemeinen überein, nicht nur sind die Namen der Hauptpersonen dieselben *(Erastus — Erastus, Persida — Perseda, Soliman — Soliman, - on, Brusor — Brusor, Pistan — Piston, Lucina — Lucina, Phillip of Villiers — Philippo)*, sondern es kommen auch bisweilen im Drama dieselben Wendungen, Metaphern, Gleichnisse vor wie in H. Wottons Erzählung. So wird z. B. Perseda übereinstimmend als ‚nymph‘, ‚lamp‘, ‚turtle‘, ‚rose‘ bezeichnet. Der Vergleich mit Alexander und Pindar bei Wotton p. 55 findet sich in Solim. (Dodsley-Hazlitt V, 332) wieder.

Wir haben also jetzt Gelegenheit die dramatische Technik jenes alten Play-wright genau kennen zu lernen. Im Allgemeinen folgt der Verfasser von Solim. wenigstens in den ersten 2 Akten seiner Quelle ziemlich getreu. Auch die ‚alberne Spielerepisode‘ stammt aus der Originalerzählung. Die ersten Scenen des 3. Aktes schliessen sich ebenfalls der Novelle an, während die letzten Scenen frei ausgeführt scheinen. Der vierte Akt enthält schon beträchtliche Abweichungen; die von Schröer bewunderte Scene, in der Perseda sich so gottergeben und märtyrerhaft benimmt, ist von unserem Dichter frei und dramatisch wirkungsvoll ausgearbeitet (in der Novelle macht sie vielmehr einen Selbstmordversuch). Im 5. Akt ist er, um eine dramatische Schlusskatastrophe zu erzielen, von seiner

Vorlage erheblich abgewichen, ungefähr ebensoweit wie das Soliman-Schauspiel in der Sp. Tragedy. In der Darstellung des an Erastus begangenen Verraths folgt der Verf. von Solim. allerdings der Novelle noch ziemlich genau, nur in der Todesart abweichend (während hier die Sp. Tr. das Verfahren vereinfacht). Im weiteren Verlauf aber ist die Katastrophe ganz frei gestaltet. In der Novelle stirbt Persida durch einen Musketenschuss bei der Belagerung von Rhodus; Soliman bleibt am Leben und lässt den Liebenden ein Grabmal errichten, den bösen Rathgeber Brusor lässt er oben auf der Grabmal-Pyramide aufknüpfen.

In Solim. und Perseda, ebenso wie in der Sp. Tr. benimmt sich Perseda energischer, sie rächt ihren ermordeten Geliebten an dem Mörder Soliman — in der Sp. Tr. allerdings anders wie in Solim. Dass Soliman selbst während oder unmittelbar nach der Belagerung von Rhodus stirbt, ist eine Abweichung von der Originalerzählung und der geschichtlichen Wahrheit, in welcher Solim. und Sp. Tr. übereinstimmen. Vielleicht liegt eine Verwechslung mit der Belagerung von Szigeth vor: möglicherweise ist auch die Darstellung hier von der Katastrophe des alten Dramas von Tancred und Gismunda beeinflusst — worüber später noch einige Worte. Dass Soliman sich durch einen Kuss, den er auf die Lippen der todten Perseda drückt, vergiftet, gehört zu den ‚absurdities' unseres Dichters, wie Köppel richtig vermuthete: der Zug ist aber in der Novelle schon vorbereitet. Auch die Einführung der allegorischen Figuren Love, Fortune, Death (wohl mit durch das ältere Schauspiel ‚Triumphs of Love and Fortune' hervorgerufen) ist auf Rechnung unseres Dichters zu setzen, aber gleichfalls in der Originalerzählung (Strophe 4 des Liedes) schon angedeutet. Die Charaktere haben im Drama eine andere, zum Theil mehr germanische, englische Färbung erhalten: Perseda erscheint weniger kokett, exaltirt, raffinirt; dafür treuer, frömmer, muthiger, aber auch rachsüchtiger und grausamer; Erastus ist weniger galant und zartfühlend, aber biederer; Soliman ist rauher und wilder. Die Rolle des treuen Piston ist im Drama weiter ausgesponnen und zu allerhand burlesken Scenen verwendet (was möglicherweise auf eine spätere Ueberarbeitung zurückzuführen ist). Der humoristische Charakter des Basilisco ist Zuthat unseres Dichters. Die Rolle der Lucina ist erweitert, ihre Verbindung mit Brusor, ihre Mitwirkung bei dem an Erastus begangenen Verrath ist eine Erfindung unseres Playwright.

Pathetische Liebes- und Eifersuchtsscenen sind gekürzt, Kampf-, Turnier-, Zweikampfscenen aber erweitert, bisweilen auch selbständig eingefügt (Zweikampf zwischen Soliman und Erastus, Soliman und Perseda). Die Streit- und Mordscene, in welcher Solimans beide Brüder getödtet werden, scheint freie Erfindung unseres Dichters zu sein. Ueberhaupt schwelgt er in Morden.

Die Diction ist im Ganzen wenig von der Erzählung beeinflusst. Einigermassen charakteristisch scheint die Neigung Namen zu italianisiren (Philippo) und italienische oder italienisch klingende Namen einzuführen (Ferdinando, Julio, Guelpio).

Nur nebenbei sei daran erinnert, wie Vieles in dieser Compositionsweise und dem Verhältniss zur Quelle an das Hamlet-Drama erinnert, was Denjenigen bemerkenswerth erscheinen wird, die mit Brandl und mir annehmen, dass Shakespeares Hamlet im Gang der Handlung sich ziemlich eng an den Urhamlet angeschlossen hat.

Viel deutlicher wird aber jetzt durch die Vergleichung der Quelle das Verhältniss von Solim. zur Sp. Tragedy. Es stellt sich heraus, was Köppel schon vermuthete, dass Kyd bei der Abfassung der Sp. Tr. (und des Vorspiels Jeronymo) diese Prosaerzählung gekannt haben muss.

Denn einmal wird in der Sp. Tr. das Schicksal Brusors der Novelle etwas ähnlicher dargestellt, als in dem selbständigen Drama (— — *ran to a mountain-top, and hung himself* Sp. Tr. Dodsley-Hazlitt V, 150): ferner enthalten die Verse der Sp. Tr. (D.-H. V. 150):

> *Whose beauty ravish'd all that her beheld;*
> *Especially the soul of Solyman,*
> *Who at the marriage was the chiefest guest*

einen Zug, der mit der Novelle (Wotton p. 60), aber nicht mit dem Soliman-Drama übereinstimmt; sodann kommen in der Sp. Tr. und in Jeron. Gleichnisse und Wendungen vor, welche in Wotton's Erzählung ihren Ursprung haben müssen, zum Theil in Uebereinstimmung mit dem Soliman-Drama, zum Theil aber auch offenbar unabhängig von dem letzteren. So ist namentlich das Gleichniss:

> 'And with their bodies likewise encreased and augmented their new conceived loue, like vnto the yong Vine, which embraceth the tender Elme, whervnto it is so firmly vnited by their mutuall growth, as in fine they are incorporate togither (Wotton p. 35)'

deutlich das Vorbild folgender Stelle aus einem Liebesgespräch der Sp. Tr. (Dodsley-Hazlitt V, 52):

> Nay then my arms are large and strong withal;
> Thus elms by vines are compass'd till they fall.[1]

In Solim. ist keine Parallelstelle zu finden.

Ebenso lässt sich das Gleichniss:

> The encounter of these Champions resembled — — — the coniunction of two clouds of contrary Elements breaking into some thunder cracke, for the force of their meeting (Wotton p. 38 s.)

wiederfinden in folgenden Versen des Vorspiels der Sp. Tr.:

> Jeron. (Dodsley-Hazlitt IV, 355) you'll meet like thunder.
> — — — — — — — — — — — — — — — —
> When two vexed clouds justle, they strike out fire.

Andererseits besteht nun aber auch, wie wohl Niemand mehr bezweifeln wird, ein direkter Zusammenhang zwischen Sol. und Sp. Tr. Das wird jetzt nicht nur durch die grosse Stilähnlichkeit und mehrere Parallelstellen erwiesen, welche nicht in der gemeinsamen Quelle begründet sind, wie oben gezeigt, sondern auch durch die gemeinsame Aenderung des Namens Persida in Perseda, mehr noch durch bedeutsame Uebereinstimmungen in der Katastrophe, wie vorhin erwähnt.

Während ich diesen Zusammenhang durch Gemeinsamkeit des Verfassers erklärte, und annahm, dass Sol. vor der Sp. Tr.

---

[1] In Pilgrimage to Parnassus edd. Macray, 1886 citirt Gullio (p. 57) diese Verse, worauf Ingenioso erwidert: *Faith, gentleman! youre reading is wonderfull in our English poetts!* — Auch Shakespeare scheint auf diese Stelle anzuspielen Com. of. Err. II, 2, 176: *Thou art an elm, my husband, I a vine, Whose weakness married to thy stronger state, Makes me with thy strength to communicate.* Sonst ist mir das Gleichniss nicht begegnet.

gedichtet, also ein Jugendwerk Kyds sei, sucht Köppel im Anschluss an Schröer (Titus Andronicus p. 52) sich das Verhältniss so zurecht zu legen, dass Sol. später als Sp. Tr., vermuthlich von einem Nachahmer Kyds verfasst sei (Engl. Stud. XVI, 361). Er scheint zu dieser Hypothese durch den Umstand geführt worden zu sein, dass die erste datirte Ausgabe des Solim. aus dem Jahre 1599 stammt, während die Sp. Tr. schon im Jahre 1594 im Druck erschien. Allein schon am 22. Nov. 1592 wurde ‚the tragedye of Salamon and Perceda' in die Buchhändlerregister eingetragen (Arber's Transcript of the Register of the Company of Stationers of London Vol. II, p. 622), nur sechs Wochen nach der ‚Spanishe tragedie of Don Horatio and Bellimpeia'. Nun wurden aber zu jener Zeit bekanntlich Dramen der Volksbühne gewöhnlich nicht unmittelbar nach der Abfassung in Druck gegeben, sondern meist erst, nachdem sie schon längere Zeit aufgeführt worden waren. Auch spricht ja die altmodische, noch ziemlich hölzerne Composition und Darstellungsweise, welche an die ‚Rare Triumphs of Love and Fortune' erinnert, der alterthümliche Stil und Wortgebrauch [1]) für eine frühere Abfassungszeit. Es ist also von vornherein nicht sehr wahrscheinlich, dass Solim. nach 1590 verfasst ist. Jedenfalls aber war zur Zeit der Abfassung dieses Stücks die Sp. Tr. noch nicht gedruckt.

Wenn nun schon aus diesen Gründen Köppels Hypothese auf sehr schwachen Füssen steht, so wird sie noch hinfälliger bei einer Vergleichung von Sol. mit der Wottonschen Novelle einerseits und der Sp. Tr. andererseits. Denn es lässt sich jetzt nachweisen, dass charakteristische Ausdrücke und Wendungen, in denen Sol. und die Sp. Tr. übereinstimmen, aus der Quelle von Solim. stammen; ein Umstand, der entschieden für die Priorität von Solim. spricht.

So wird bei Wotton p. 68 die todte Persida mit einer verblassten Rose verglichen: ‚*resembling a Rose which by age hath lost the red lively hue*'. Diesen hübschen Vergleich behält unser

---

[1]) Die Wörter *pheer, icleped, gladsome, brightsome*, welche in Solim. vorkommen, sind bei Sh. und Marlowe schon ganz oder fast ganz ungebräuchlich.

Dichter bei, indem er Solim. über der Leiche der Perseda ausrufen lässt:

„*Fair-springing rose, ill-pluck'd before thy time!*"

Genau ebenso aber klagt in der Sp. Tr. Hieronimo über seinen ermordeten Sohn Horatio (Dodsley-Hazlitt V. 59):

„*Sweet lovely rose, ill-pluck'd before thy time!*"

Es wird Jeder zugeben, dass der Vergleich in Solim. besser passt als in der Sp. Tr. — Aehnlich ist es mit dem Ausdruck ‚*lamp*‘, der bei Wotton, in Solim. und in der Sp. Tr. übereinstimmend auf Perseda angewandt wird.

Es wird also durch diese Erwägungen bestätigt, was eigentlich schon wegen des Hinweises auf ein von Hieronimo in seinen Jugendjahren gedichtetes Schauspiel von Solim. vorauszusetzen war, dass Solim. vor der Sp. Tragedy verfasst ist. Allerdings lässt sich die Frage aufwerfen, ob nicht etwa das Drama später umgearbeitet worden ist. Ich möchte sie aus mehreren Gründen bejahen und Köppel soweit wenigstens Recht geben, dass das Soliman-Drama in der erhaltenen Form allerdings wohl aus einer etwas späteren Zeit herrührt als die Sp. Tr. (etwa Anfang der 90er Jahre umgearbeitet).

Kyd also kannte, als er die Sp. Tr. schrieb, die Geschichte von Soliman und Perseda aus zwei Quellen: einer Erzählung und einem Drama. Diese Annahme wird auch durch die Aeusserungen in der Sp. Tr. bestätigt, welche einmal auf eine dramatische Jugend-Arbeit Jeronimos hinweisen, das andere Mal auf eine Chronik (chronicles of Spain, vgl. die ‚Grecian Chroniclers‘ bei Wotton p. 42).

Ein derartiges Doppel-Verhältniss stimmt nun wiederum am besten zu der Hypothese, dass Soliman von Kyd selbst verfasst ist; denn philologische Quellenuntersuchungen können wir doch bei Dramatikern jener Zeit nicht annehmen.

Allerdings bleibt ja Denen, welche nicht an Kyds Autorschaft glauben, immer noch der Ausweg, Kyd als einen Nachahmer eines unbekannten Verfassers von Solim. aufzufassen. Aber ich brauche wohl kaum auf die vielen Schwierigkeiten hinzuweisen, welche einer solchen Annahme im Wege stehen. Zunächst schon der Umstand, dass Solim. erst gleichzeitig mit der Sp. Tr., ja sogar etwas später in Druck gegeben wurde. Kyd könnte also das Drama nur von der Bühne her, oder aus dem Mscr. gekannt haben. Nun ist aber nichts von Aufführungen des Solim. in jener frühen Zeit (vor 1587—88) bekannt; die von Köppel gesammelten Anspielungen auf die Fabel, welche bei Rob. Greene vorkommen, scheinen sich nur auf die Novelle zu beziehen.

Sodann wie sollte Kyd dazu gekommen sein, seinen dramatischen Helden Jeronimo als den Verfasser eines von einem anderen Dichter verfassten Dramas auszugeben und so gewissermassen mit diesem seinem Vorläufer und Vorbild gleichzusetzen?

Dass ein Dramatiker sich selbst bis zu einem gewissen Grade mit seinem Helden identificirt, dass er diesem Verse in den Mund legt, Dichtungen zuschreibt, welche er selbst verfasst hat, ist dagegen leicht begreiflich und nicht ungewöhnlich.

Endlich ist es wohl irgend wahrscheinlich, dass gleichzeitig 2 Dramen-Dichter in London lebten, die in Compositionsweise, Charakterzeichnung, Stil einander so ähnlich gewesen wären, die beide Lylys euphuistischen und Watsons Stil nachahmten, die beide durch eine von Wotton übersetzte, sonst wenig bekannte Novelle dichterisch angeregt wurden, von denen der eine den andern überdies nachahmte?

Eine Hypothese, die auf so viele Schwierigkeiten stösst, ist als ganz unwahrscheinlich zu verwerfen. Es bleibt sonach als einzig wahrscheinliche Erklärung der vorliegenden Thatsachen nur die von mir schon früher begründete Annahme übrig, dass Soliman und Perseda von Kyd verfasst ist.

Was gegen diese Voraussetzung von verschiedenen Seiten eingewandt worden ist, lässt sich sehr leicht widerlegen.

Zunächst der etwas verschiedene Versbau von Sol. und Sp. Tragedy. Soliman ist mehr in Blankversen geschrieben, hat nur selten gereimte Verse (H. Krumm, Die Verwendung des Reimes .... Kieler Schulprogramm 1889 S. 9). Aber a. a. O. S. 7 wird gezeigt, dass auch in der Sp. Tr. Reime nicht sehr häufig sind, der Blankvers vorwiegt. Es handelt sich also nur um einen Gradunterschied. In der Anwendung der Reime war die Technik der Dramatiker bekanntlich nicht constant. Shakespeare z. B. bevorzugt im Tit. Andr. den Blankvers, im Romeo den Reim, in späteren Dramen wieder den

Blankvers. Ausserdem scheint mir die Vorliebe für den Blankvers in Solim. durch den Umstand veranlasst zu sein, dass dieses Drama mehr als die Sp. Tr. ursprünglich einen akademischen Charakter hatte, der sich ja auch in der Einführung der allegorischen Figuren, in den zahlreichen klassischen Anspielungen kundgiebt. Bei solchen mehr schulmässigen Dramen war der Blankvers bekanntlich auch vor Marlowe nichts Ungewöhnliches. — — Sodann wird der abweichende Wortschatz von Solim. und Sp. Tr. hervorgehoben (Markscheffel II, 11). Ich gestehe, dass ich in dieser Beziehung charakteristische Abweichungen nicht gefunden habe, obwohl ich beide Dramen häufig nacheinander gelesen. Aber selbst wenn wesentliche Differenzen sich nachweisen liessen, so würden sie sich durch die Annahme erklären lassen, dass die beiden Dramen verschiedenen Perioden der dichterischen Entwicklung angehören. Der Wortschatz eines Dichters ist bekanntlich nicht constant, er ändert sich, ist von litterarischen Einflüssen, von der Mode abhängig. So wäre es namentlich leicht begreiflich, wenn in Solim. die Vorliebe für französ. Lehnworte sich etwas stärker geltend machte, als in der Sp. Tr., da die Originalnovelle viele sonst ungebräuchliche französ. Wörter enthält.

Ferner weist Schröer (Tit. Andron. S. 51) auf die abweichende Gestaltung der Katastrophe hin. Aber kommt es denn nicht oft genug vor, dass ein Dichter bei einer späteren Bearbeitung, Umarbeitung eines dramatischen Stoffes die Katastrophe ändert? Kyd musste natürlich bei dem eingelegten Spiel eine Kürzung, Vereinfachung der Katastrophe vornehmen, und sie so gestalten, wie sie für seine Zwecke brauchbar war. Und gerade von einem Dichter, der sich von seiner Quelle nachweislich so weit entfernte, wie dies Kyd in dem Solimanschauspiel der Sp. Tr. that, dürfen wir auch annehmen, dass er keinen Scrupel hatte den Stoff eines früher von ihm gedichteten Schauspiels umzumodeln.

Endlich soll der ästhetische Werth und der Charakter beider Stücke so ungleichartig sein, dass darum die Annahme desselben Verfassers unwahrscheinlich wird (Schröer a. a. O. S. 52.) Schröers Ansicht, dass Sol. ‚poetisch ungleich höher stehe' als die Sp. Tr., dürfte wohl wenig Zustimmung finden;

Köppel bezeichnet die Sp. Tr. als kraftvoller. Aber selbst wenn Schröers Urtheil zutreffend wäre, folgt daraus Verschiedenheit des Verfassers? Es wundert mich, dass gerade Schröer ein solches Argument ins Feld führt, er, der doch Shakespeares Autorschaft für Titus Andronicus m. E. mit vollem Recht vertheidigt hat. Denn auch Schröer wird doch wohl zugeben, dass Tit. Andron. poetisch bedeutend tiefer steht als die meisten anderen Dramen Shakespeares.

„Bellimperia in der Sp. Tr. reicht doch nicht entfernt an die poetische Gestalt der Perseda heran" (Schröer S. 52). Ich kann den Unterschied nicht so bedeutend finden. In der Eifersuchtsscene und in den Gesprächen mit Basilisco und Lucina erscheint auch Perseda nicht gerade sehr poetisch und ideal; und gegen den Schluss ist sie genau ebenso rachsüchtig und grausam wie Bellimperia.

Aber selbst wenn jener Satz richtig wäre, was könnte er beweisen? Man dürfte doch mindestens mit demselben Rechte sagen: Cressida oder Cleopatra reichen nicht entfernt an die poetische Gestalt der Julia heran. Will Schröer darum etwa Troilus und Cressida oder Antonius und Cleopatra dem Verfasser von Romeo und Julia absprechen?

Sol. scheint Köppel aus weicherem Stoff gebildet als die Sp. Tr. Zugegeben. Der weichere Stoff ist eben eine französiche Novelle. Die Vergleichung mit der Quelle zeigt aber, dass die Charaktere im Drama doch etwas härter geformt sind als in der Novelle. Für die Sp. Tr. fehlt uns der Anhaltspunkt einer Vergleichung mit der Quelle. Ausserdem ist wieder der Fortschritt in der dichterischen Entwicklung zu berücksichtigen. Romeo und Julia ist auch aus weicherem Stoff gebildet als z. B. Othello oder Macbeth.

Schröer sagt a. a. O.: „Hätte Kyd Soliman and Perseda verfasst, dann wäre er allerdings ein hervorragender Dichter gewesen, dem man bisher zu wenig Achtung geschenkt hätte." Ich bin zwar nicht mit der hypothetischen Form, aber doch mit dem Inhalt dieses Satzes vollkommen einverstanden, und es würde mich sehr freuen, wenn ich durch die vorstehenden Ausführungen auch Schröer, Köppel und Markscheffel ihre Zweifel benommen hätte.

II. ZUR CHRONOLOGIE VON KYDS DRAMEN.

Obwohl die sicheren und wahrscheinlichen dramatischen Werke Thomas Kyds erst in Jahren 1594—99 im Druck erschienen sind, kann doch kaum ein Zweifel darüber bestehen, dass sie schon erheblich früher, meist Ende der 80er Jahre, verfasst sind. Schon die altmodisch hölzerne, noch etwas ungelenke Composition und Darstellungsweise, das Einmischen lateinischer Citate in der Sp. Tr., das Auftreten allegorischer Figuren, der noch ziemlich alterthümliche Wortschatz[1]), das häufige Vorkommen vollgemessener Verbalformen auf -eth in der Sp. Tr. und besonders in der Cornelia (etwas häufiger als in Shakespeares, wohl auch als in Marlowes Jugenddramen) — das alles weist auf jene Frühzeit des classischen Dramas.

Die einzige ganz sichere dramatische Dichtung Kyds, die Uebersetzung von Garniers Cornelie, macht einen reiferen Eindruck, und dürfte nicht allzulange vor der ersten Drucklegung (1594), also etwa 1590—92 gedichtet sein.[2]) Aus der Vorrede, in der Kyd jene bitteren Zeiten ‚those bitter times‘ erwähnt, in welchen er die Uebersetzung verfasst hatte, scheint hervor-

---

[1]) Z. B. I nill, hight, to weld = to carry, to wend = to go, gladsome, darksome, deathful, baleful, mirthful, hugy, pitchy (Sp. Tr.); icleped, pheer, gladsome, brightsome, aby (Sol.); eaths, besprent, gladsome, darksome, mirthful Corn. — sämmtlich Wörter, die nach dem Vorkommen oder Fehlen in Shakespeares und Marlowes Dichtungen zu urtheilen um 1590 schon altmodisch geworden sind (wenn auch in der späteren Dichtersprache einige künstlich wieder aufgefrischt wurden).

[2]) Die vielen vollgemessenen Verbalformen könnten auf eine noch frühere Zeit schliessen lassen, wenn sie sich nicht aus dem akademisch-steifen Charakter der Dramas erklärten.

zugehen, dass doch schon einige Zeit seit der Abfassung verstrichen war.

Die Abfassungszeit der Spanish Tragedy (am 7. Oct. 1592 in die Buchhändlerlisten eingetragen) ist in letzter Zeit mehrfach erörtert worden. Brandl und Schröer haben sich für das Jahr 1589 entschieden (Academy, 1891 Nr. 1010, Gött. Gel. Anz. 1891. S. 725), weil (worauf Brandl hinweist) die eingelegte Pantomime, in welcher drei englische Ritter in Portugal und Spanien ihre Wappenschilder aufhängen, eine Anspielung auf ein zeitgenössisches Ereigniss (Drakes Landung in Spanien 1589) zu enthalten scheint. Aber Brandl hat nicht berücksichtigt, dass schon im Sommer 1587 Drake Cadiz geplündert hatte, in Corunna gelandet war und dem „Spanischen König den Bart versengt hatte". (I. R. Green, History of the English People London 1890 II, 440). Die Anspielung würde also mindestens ebenso gut auf das Jahr 1587 hinweisen. Wenn wir nun bedenken, dass die Worte (Sp. Tr. Dodsley-Hazlitt V, 35)

„The third and *last*, not least in our account
Was as the rest a valiant Englishman
Brave John of Gaunt, the Duke of Lancaster"

wohl kaum ohne einen Zusatz geschrieben worden wären, nachdem 1587 und 1589 der englische Seeheld Plünderungsfahrten nach Spanien und Portugal unternommen; ferner dass in dem ganzen Stück auch nicht die leiseste Anspielung auf den Untergang der Armada sich findet, während eine solche doch nach 1588 sehr nahe gelegen hätte und in Form einer Prophezeihung leicht hätte eingefügt werden können; endlich dass der Ton, in dem von den Spaniern gesprochen wird, noch nicht eigentlich der des Nationalhasses ist — so müssen wir doch wohl Markscheffel Recht geben, der in seiner Abhandlung über Thomas Kyd die Sp. Tr. vor 1588 ansetzt.

Auch aus den mehrfachen Anspielungen Ben Jonsons auf die Sp. Tr. geht hervor, dass das Stück um 1588 schon allgemein bekannt geworden war (Anglia N. F. II, 335).

Wäre die Sp. Tr. erst 1589 und zwar um die Mitte des Jahres gedichtet, wie Brandl und Schröer wollen, so müssten wir Shakespeares Titus Andronicus, der doch stark davon beeinflusst ist[1]), später als gewöhnlich angenommen wird, um 1590 ansetzen.

Wir müssten ebenso auch Marlowes „Jew of Malta" statt in die Jahre 1588—89 in das Jahr 1590 verlegen; denn auch in diesem Drama sind einige Wendungen gebraucht, welche offenbar auf Reminiscenzen an besonders bekannte Stellen der Sp. Tr. zurückzuführen sind[2]).

Kurz, Brandls und Schröers Datirung stösst auf mehrfache Schwierigkeiten und scheint mir daher nicht ganz das Richtige zu treffen. Für eine unbefangene Beurtheilung der vorliegenden Thatsachen ergiebt sich das Jahr 1588 als terminus ad quem. Auch einen terminus a quo gewinnen wir aus dem Stücke selbst. Eine Nebenfigur der Sp. Tr., Alexandro, wird in der Sp. Tr. (D.-H. V, 25) bezeichnet als ‚*Terceras lord*'. Die kleine Azoreninsel Terceira war nun in England weiteren Kreisen, insbesondere dem der Londoner Litteraten, gewiss erst bekannt geworden, durch die Reise, welche Thomas Lodge 1585—86 mit dem Kapitän Clarke dorthin unternahm.

Ferner scheint das Vorherrschen des Blankverses in der Sp. Tr. durch das Beispiel von Marlowes Tamburlaine (1586—87) veranlasst, und die Worte Hieronimos (a. a. O. S. 152):

A comedy! fie! comedies are fit for common wits
But to present a kingly troop withal,
Give me a stately-written tragedy

dürften eine Anspielung auf Marlowes bekannten Prolog zum Tamberlaine enthalten:

---

[1]) Schröer nimmt allerdings umgekehrte Beeinflussung an, abweichend von den meisten Forschern. Allein es ist schon an und für sich sehr unwahrscheinlich, dass der ältere Thomas Kyd das Erstlingswerk des jugendlichen Shakespeare nachgeahmt habe. Auch weisen die Parallelen zwischen Sp. Tr. und Tit. Andr., die Metrik, Composition und Diction beider Stücke deutlich auf die Priorität der Sp. Tr. hin, was Schick in seiner angekündigten Ausgabe der Sp. Tr. wahrscheinlich genau zeigen wird.

[2]) So Jew. of M. V, 142 *Ripping the bowels of the earth*, was eine Erinnerung an Jeronimos oft nachgeahmte Worte enthält: *I'll rip the bowels of the earth* (Dodsley-Hazlitt V, 111), oder Jew of M. V, 538 *the hopelesse daughter of a haplesse Jew* offenbar nur eine Variation jenes Verses aus Jeronimos Schlussrede: *The hopeless father of a hapless son* (Dodsley-Hazlitt V, 163), welcher gerade charakteristisch für den euphuistischen Stil Kyds ist, vgl. Corn. (D.-H. V, 190) *hopeless to hide them in a hapless tomb*.

From jygging vaines of riming mother wits
— — — — — — — — — — — — — — —
Weele lead you to the stately tent of war

Auch sonst finden sich einige Parallelen zu Tamb. A., welche durch Reminiscenzen veranlasst zu sein scheinen:

Tamb. A. I, (S. 114) But this it is that doth excruciate
The verie substance of my vexed soule
Sp. Tr. (D.-H. V, 63) But this, o this, torments my labouring soul!
Sp. Tr. (D.-H. V. 7) — — this eternal substance of my soul.

Vielleicht hat auch die Darstellung von Bajazeths und Zabinas Wahnsinn und Selbstmord im Tamb. auf die Sp. Tr. eingewirkt. Es lässt sich daher, wie ich schon in der Anglia N. F. II. 336 ausgesprochen, das Jahr 1587 mit grosser Wahrscheinlichkeit als ursprüngliche Abfassungszeit der Sp. Tr. annehmen.

Ich bin auf diesen Punkt etwas näher eingegangen, weil mir für eine richtige Beurtheilung der litterarischen Abhängigkeitsverhältnisse eine möglichst genaue Datirung der bedeutendsten Dramen nothwendig scheint.

Eine andere Frage ist nun, ob die älteste Ausgabe des Dramas (von 1594) die Sp. Tr. in der Gestalt darbietet, wie sie Ende der 80er Jahre aufgeführt worden ist, oder ob die Tragödie nicht später umgearbeitet worden ist. In einigen Scenen der Sp. Tr., besonders in denen des ersten Aktes, sowie in den Wahnsinscenen kommen einige Unebenheiten vor, welche spätere Einschiebsel verrathen (von den Zusätzen späterer Ausgaben sehe ich natürlich ab). Der Schlachtbericht im Eingang enthält deutliche Reminiscenzen an Kyds Uebersetzung der Garnierschen Cornelie, welche sich nur durch die Annahme erklären lassen, dass diese Stelle nach der Cornelia gedichtet ist. Sodann beginnt der Prolog mit derselben Metapher (the eternal substance of my soul — — — imprison'd in my wanton flesh), welche in den Schlussversen der Cornelia enthalten ist. Auch sonst finden sich besonders im ersten Akt einige Anklänge an die Cornelia.

Interessanter noch ist der Umstand, dass eine Stelle der Sp. Tr. offenbar durch Spensers Faerie Queen, deren erste drei Bücher bekanntlich im Jahre 1590 veröffentlicht wurden, (handschriftlich möglicher Weise schon früher bekannt waren) beeinflusst worden ist. In jener Wahnsinnscene, die den meisten Litterarhistorikern als der Höhepunkt der Sp. Tr. gilt, phantasirt Hieronimo (D.-H. V. 106):

> There is a path upon your left-hand side,
> That leadeth from a guilty conscience
> Unto a forest of distrust and fear —
> A darksome place, and dangerous to pass
> There shall you meet with melancholy thoughts
> Whose baleful humours if you but uphold,
> It will conduct you to Despair and Death:
> Whose rocky cliffs when you have once beheld,
> Within a hugg dale of lasting night,
> That kindled with the world's iniquities,
> Doth cast up filthy and detested fumes:
> Not far from thence, where murderers have built
> An habitation for their cursed souls.

Es scheint noch nicht beobachtet zu sein, dass hier eine Reminiscenz an die Schilderung der Höhle des Unholds Despayre (im IX. Gesange des I. Buches der F. Qu.) vorliegt.

> St. XXXIII. Ere long they come, where that same wicked wight
> His dwelling has, low in an hollow cave
> Far underneath a craggy cliff ypight,
> Darke, dolefull, dreary, like a greedy grave,
> That still for carrion carcases doth crave:
> On top whereof ay dwelt the ghastly owle,
> Shrieking his balefull note, which ever drave
> Far from that haunt all other chearefull fowle:
> And all about it wandring ghostes did wayle and howle:
>
> And all about old stockes and stubs of trees,
> Whereon nor fruit nor leafe was ever seene,
> Did hang upon the ragged rocky knees;
> On which had many wretches hanged beene
> Whose carcases were scattred on the greene,
> And throwne about the cliffs.

Durch die letzten Verse dürfte auch der dunkle Ausdruck in der Sp. Tr. ‚where murderers have built an habitation for their cursed souls‘ erklärt werden.

Bald nach diesen Worten (S. 107) tritt Hieronimo wieder auf „with a poniard in one hand and a rope in the other", also mit der Absicht, sich oder einen Anderen umzubringen. Auch dieses Motiv scheint durch das in der F. Qu. an jener Stelle über Despayre Gesagte angeregt zu sein:

St. XXIX. Then hopelesse, hartlesse gan the cunning thiefe
Perswade us dye, to stint all further strife:
To me he lent this rope, to him a rusty knife.

Die Schilderung der Unterwelt im Prolog der Sp. Tr. scheint Reminiscenzen an F. Qu. I, 5, St. XXXI ff. zu enthalten.

Die Verse im Prolog der Sp. Tr.:

For there in prime and pride of all my years,
By duteous service and deserving love,
In secret I possess'd a worthy dame — —

klingen etwas an F. Qu. l. 2, St. XXXV an:

In prime of youthly yeares — — —
— — — — — — it was my lott
To love this gentle lady.

In ihrem Zusammentreffen machen diese Uebereinstimmungen einen litterarhistorischen Zusammenhang, also theilweise Einwirkung der F. Qu. auf die Sp. Tr. wahrscheinlich. Umgekehrte Beeinflussung ist ausgeschlossen, weil Spenser in Irland gewiss keine Gelegenheit hatte die Sp. Tr. (in der ersten Bearbeitung) kennen zu lernen.

Wir dürfen aus allen diesen Gründen wohl annehmen, dass bald nach dem Erscheinen des ersten Theils der F. Qu., und unmittelbar nach seiner Uebersetzung der Cornelia, also um 1591—92, Kyd die Sp. Tr. einer Neubearbeitung unterzog, und dass er bei dieser sowohl den von Andreas Geist gesprochenen Prolog als auch den Schlachtbericht und die Wahnsinnscenen hinzufügte, oder wesentlich erweiterte.

Bei dem Jeronimo-Vorspiel muss zunächst die Autor-Frage noch einmal erörtert werden. Kyds Autorschaft, welche Markscheffel für die Meisten überzeugend dargethan, ist neuerdings von Schröer wieder bestritten worden — und mit scheinbar ganz plausiblen Gründen. Ehe ich auf diese eingehe, möchte ich indessen meine Meinung dahin aussprechen, dass mir für die Bearbeitung dieser Frage Schröers Standpunkt nicht ganz der richtige zu sein scheint. Es lässt sich doch nicht leugnen, dass Jer. und Sp. Tr. inhaltlich aufs engste zusammengehören, dass dieselben Personen in beiden Stücken vorkommen, die Charaktere im Wesentlichen übereinstimmen, dass in der Composition und Diction grosse Aehnlichkeit stattfindet, dass manche charakteristische Wendungen gemeinsam sind. Unter diesen Umständen darf man nicht verlangen, dass die Gemeinsamkeit des Autors noch genauer erwiesen wird, sondern es wäre im Gegentheil zu erwarten, dass Diejenigen, welche verschiedene Verfasser annehmen, ihre Ansicht genau begründeten. Denn es kam zwar zu jener Zeit wohl schon bisweilen vor, dass zwei Dichter denselben Stoff dramatisch behandelten, auch dass zwei oder mehrere an demselben Drama arbeiteten (wobei indessen die Arbeitstheilung wahrscheinlich meist die war, dass der eine den Plan entwarf, ein zweiter ihn dichterisch ausführte, ein dritter etwa Prologe und Epiloge verfasste, ein vierter Pantomimen erdichtete usw.); aber ganz ungewöhnlich wäre es gewesen, wenn ein Dichter das Werk eines anderen in demselben Geiste und derselben charakteristischen Manier fortgesetzt hätte, oder gar wenn, wie Schröer annahm, aus dem Prolog der Sp. Tr. ein anderer Dichter eine Vorgeschichte herausgesponnen hätte (Titus Andronicus S. 56).

Nun kann man zunächst gegen Kyds Autorschaft des Jeron. einwenden, dass ja im Prolog der Sp. Tr. der Hauptinhalt des Jer. erzählt wird. Dieser Einwand erledigt sich aber von selbst mit der eben begründeten Annahme, dass der Prolog bei einer späteren Umarbeitung der Sp. Tr. erst hinzugefügt wurde, vermuthlich weil beide Stücke zusammen für eine Vorstellung zu viel Zeit in Anspruch nahmen, und weil das Vorspiel als das weniger beliebte Stück später bisweilen weggelassen wurde.

Sodann wird von Schröer betont, dass der Charakter des Jeronimo in der Sp. Tr. ernster, würdiger erscheine als in dem Vorspiel. Auch das erklärt sich wohl z. Th. durch die spätere Umarbeitung der Sp. Tr., andererseits vielleicht dadurch, dass in dem Vorspiel später von anderer Hand burleske Züge eingefügt wurden. Ganz consequente und harmonische Charakterzeichnung kann überdies von einem Vorläufer Shakespeares nicht erwartet werden; und selbst bei Shakespeare entwickelt sich bisweilen ein ursprünglich mehr humoristisch gezeichneter Charakter zur Heldengrösse oder zu einer tragischen Figur, oder umgekehrt eine anfänglich ernst und würdig erscheinende Person erhält im Verlauf eines Dramas eine mehr komische Rolle. Ich erinnere an Mercutio, oder den alten Capulet, oder den Narren in König Lear, oder selbst an Heinrich V., oder andererseits an Polonius, der doch im ersten Akt des Hamlet noch als eine ganz würdige Persönlichkeit erscheint. Und ist es denn psychologisch so unwahrscheinlich, dass ein von Hause aus harmloser, gutmüthiger, etwas humoristisch angelegter alter Mann, infolge der Ermordung seines einzigen heissgeliebten Sohnes zum rachegierigen Mörder, zum tragischen Helden, wird? Ist es wirklich erst nöthig an die ähnlichen (wenn auch feiner und genialer gezeichneten Gestalten) von Lessings Odoardo Galotti oder von Schillers Musikus Miller zu erinnern? Zudem, gerade von Schröers Standpunkt aus, der Kyd ja für einen sehr schwachen Dichter hält, war es unberechtigt, das vollendetste künstlerische Ebenmass in der Charakterzeichnung von ihm zu erwarten.

Nun kann man weiter entgegnen, die Darstellungsweise des Vorspiels sei eine etwas andere: die Handlung bewege sich in rascherem Tempo, der Dialog sei hastiger, roher, weniger kunstvoll, die Diction bombastischer und geschmackloser. Ich will sogar noch besonders darauf aufmerksam machen, dass im Stil des Jeron. einige Wörter wie ‚spirits‘, ‚vein‘, ‚melt‘, ‚crimson‘ beliebt sind, welche Kyd sonst wenig oder gar nicht anwendet. Aber was beweisen alle diese Verschiedenheiten? Doch höchstens, dass Jeron. zu anderer Zeit, in einer anderen Stimmung und Geschmacksrichtung, unter dem Einfluss anderer litterarischer Muster geschrieben wurde als die Sp. Tr. in der erhaltenen Fassung. Wäre die Sp. Tr. in der ursprünglichen Redaction auf uns gekommen, so würden solche Verschiedenheiten vielleicht weit weniger hervortreten. Auch bei anderen Dichtern können wir doch beobachten, dass selbst zeitlich einander nahestehende Dramen in sehr verschiedenem Tone geschrieben sind z. B. Marlowes Tamerlan und der Jude von Malta, oder Shakespeares Richard III. und König Johann und Richard II. Und es ist stets im Auge zu behalten, dass uns Jeron. nur in sehr später, wahrscheinlich sehr entstellter und verkürzter Gestalt vorliegt. Soviel will ich Schröer gern zugeben, dass in dieser Fassung das Vorspiel nicht von Kyd herrührt, aber weiter in der Skepsis zu gehen, liegt m. E. kein Grund vor.

Wenn nun also der erste Theil des Jeron. höchst wahrscheinlich auch von Kyd gedichtet ist — wenn auch in etwas anderer, als der erhaltenen Fassung — so liegt es von vornherein nahe zu vermuthen, dass das Stück nicht lange vor der Sp. Tr., also gegen 1587 gedichtet wurde. Ohne Frage ist das Vorspiel ja roher und unreifer als die eigentliche Tragödie. Und das Vorherrschen des Reims scheint anzudeuten, dass zur Zeit der Abfassung Marlowes Blankvers noch nicht mustergültig geworden war. Aber den Einfluss von Marlowes Tamerlan glaube ich doch auch hier zu erkennen, ja sogar in der bombastischen Diction deutlicher als in der Sp. Tr. Die erwähnten eigenthümlichen Wörter wie ‚vein‘, ‚melt‘, ‚crimson‘ scheinen mir durch Nachahmung von Marlowes Stil veranlasst. Auch glaube ich wenigstens in einer Parallelstelle eine Reminiscenz an Marlowes Tamburlaine B. zu finden:

Tamb. B. I. 4 (L. 2644). *And he — — — must armed wade up to the chin in blood.*
Tamb. B. I. 4 (L. 2653). *And I would striue to swim through pooles of blood, Or make a bridge of murthered Carcases.*
Jeron. (Dodsley-Hazlitt IV, 364). *I'd wade up to the knees in blood, I'd make a bridge of Spanish carcases.*

Es scheint demnach, als ob das Vorspiel unter dem frischen Eindruck von Marlowes Tamerlan noch im Jahre 1587, kurz vor der Sp. Tr., gedichtet oder wenigstens umgearbeitet, vollendet sei. Umgekehrte Beeinflussung von Marlowes Tamerlan durch Jeronimo ist möglich, aber nicht wahrscheinlich. Ich erinnere nun an die bekannten Thatsachen, dass ursprünglich beide Stücke, das Jeronimo-Vorspiel sowohl wie die Sp. Tragedy, mit dem Namen ‚Jeronymo‘ bezeichnet wurden; ferner dass das Vorspiel als selbständiges Stück viel zu kurz ist und einen unbefriedigenden Schluss hat; sodann dass die Sp. Tr. ursprünglich nur 4 Akte enthält (vgl. Dodsley-Hazlitt V. 94, Anmerk.). Alles dies führt zu der Vermuthung, dass das Vorspiel ursprünglich gar kein besonderes Stück, sondern nur der (vielleicht später erweiterte) erste Akt des (im Jahre 1587 vermuthlich gedichteten) „Jeronymo' war.

Da dieses vorausgesetzte Stück nun etwas zu lang und zu wenig einheitlich in der Handlung war (obwohl kaum weniger als z. B. Shakespeares Titus Andronicus), ist es leicht begreiflich, dass der Dichter bei einer Neubearbeitung den ersten Akt fortliess, und statt dessen einen Prolog und einen Schlachtbericht einfügte, welche die für das Verständniss des Zusammenhanges nöthige Aufklärung gaben; vielleicht auch den ursprünglich zweiten Akt umgestaltete.

Die grosse bis in das 17. Jahrhundert hinein andauernde Popularität der Sp. Tr. wird dann veranlasst haben, dass auch der alte ‚First Part of Jeronymo' (auch als Comedy of Jeronymo bezeichnet) wieder hervorgesucht und aufgeführt wurde (zuerst wohl nach Henslowes Tagebuch am 10. April 1592). So erklärt sich meines Erachtens das Verhältniss der beiden Stücke zu einander am einfachsten und ungezwungensten.

Dass die Tragödie von Soliman und Perseda, wahrscheinlich vor der Sp. Tr. (oder dem Jeronymo-Drama) gedichtet, ursprünglich wohl eine Jugendarbeit Kyds ist, wurde oben ausgeführt. Es ist bemerkenswerth, dass in diesem Drama der Prahlhans Basilisco ein Deutscher und nicht ein Spanier ist (vgl. Don Adriano de Armado), sowie dass von den Spaniern stets nur mit Ausdrücken der Achtung die Rede ist (z. B. S. 261 — — *the fiery Spaniard bearing in his face The impress. of a noble warrior*). Das deutet wohl auf eine ursprüngliche Abfassung vor 1588 hin. Diction und Versbau sind z. Th. noch alterthümlicher als in der Sp. Tr. Ich mache besonders auf den altmodischen, später nur noch in Dialekten vorkommenden Gebrauch des Infinitivs mit ‚for to' aufmerksam, der zwar bei Greene und Peele öfters zu finden, aber bei Marlowe und Shakespeare schon ganz selten, auch in der Sp. Tr. wohl kaum sicher zu belegen ist, in Sol. indessen noch viermal vorkommt[1]) (vgl. T. Mommsen, Romeo S. 163). Die früheste Reminiscenz an dies Drama (von der Sp. Tr. abgesehen) dürfte

---

[1]) Dodsley-Hazlitt V, 277 *for to disarm you;* 346 *for to steal her hence;* 356 *for to bereave Erastus life from him;* 366 *for to receive thee in their jaws.*

vielleicht in einem Verse des ersten Theils von Heinrich VI. vorliegen. Mit Beziehung auf den todten Talbot wird gesagt:

Henr. 6 A IV. 7, 60 *Where is the great Alcides of the field?*

Ganz ähnlich ruft Basilisco in einer Betrachtung über die Vergänglichkeit irdischer Grösse, mit Beziehung auf den ermordeten Erastus aus (Dodsley-Hazlitt V. 363):

*Where is that Alcides, surnam'd Hercules,
The only clubman of his time* etc.

Der Zusammenhang, in welchem die beiden Stellen vorkommen, macht es einigermassen wahrscheinlich, dass der Soliman-Stelle die Priorität vor Henr. 6 A gebührt. Da aber die Abfassungszeit dieses viel umstrittenen Dramas sehr ungewiss ist, lässt sich daraus kein sicherer terminus ad quem gewinnen. Als terminus a quo für die Abfassungszeit des Soliman-Dramas kann man sicher das Jahr 1578, in welchem Wottons Courtlie Controversie erschien, wahrscheinlich aber das Jahr 1582 annehmen, in welchem Watsons Hecatompathia veröffentlicht wurde.

Es ist mir aber sehr zweifelhaft, ob das Drama von Soliman und Perseda schon in den 80er Jahren gespielt wurde, wie denn auch meines Wissens kein Zeugniss für eine Aufführung nachzuweisen ist. Vielmehr scheinen die Worte der Sp. Tr. eher auf ein noch nicht aufgeführtes Drama zu deuten.

Mancherlei Anzeichen legen die Vermuthung nahe, dass Kyd das Soliman-Drama erst um 1591, bald nach oder kurz vor der Neubearbeitung des 'Jeronymo', vielleicht durch den Erfolg dieses Stückes ermuthigt, für die Bühne umgearbeitet hat und dass von dieser Umarbeitung namentlich die letzten beiden Akte profitirt haben.

Zunächst ist bemerkenswerth, dass beide Stücke nur sechs Wochen nacheinander in die Buchhändlerlisten eingetragen wurden: am 7. Oct. 1592 ‚the Spanishe tragedie of Don Horatio and Bellimpeia‘ und am 22. Nov. 1592 ‚the tragedye of Salamon and Perseda‘ (Arber's Transcript of the Registers of the Company of Stationers II, 622). Sodann fällt auf, dass Anklänge an die Sp. Tr. eigentlich nur in den letzten beiden Akten des Solim. vorkommen, welche nach der Seite der Composition und Charakterzeichnung, wie in der Diction entschieden dichterisch höher stehen[1]), eine reifere Kunst verrathen, der Quelle gegenüber freier sind, als das Meiste in den ersten 3 Akten.

Auch ein Anklang an die Corn. ist mir aufgestossen:

Corn. (D.-H. V, 199) *The loss is great that cannot be restored.*
Solim. (D.-H. V, 289) *Ah no, great losses seldom are restored.*

So ist es denn auch wohl kein Zufall, dass auf das Geschick des Pompejus, des Gemahls der Cornelia, zweimal angespielt wird (D.-H. V, 343, 363) und dass eine (in der Originalerzählung nicht genannte) Nebenperson Cornelia heisst.

Sodann scheint die Schluss-Scene von Solim. etwas beeinflusst durch den Schluss der alten Tragödie von Tancred und Gismunda, welche im Jahre 1591 neubearbeitet im Druck erschien. Das Verhältniss Solimans zu Erastus und Perseda entspricht ungefähr dem Tancreds zu Guiscard und Gismunda. Auch Tancred hat ja den Geliebten der Gismunda aus Eifersucht ermorden lassen; auch Gismunda nimmt sich das Leben, und der Tyrann Tancred folgt ihr in den Tod nach. Und Soliman äussert ebenso wie Tancred als letzten Wunsch die Bitte, dass er mit den beiden Liebenden in einem Grabe bestattet werde. Zu vergleichen sind die Verse:

Solim. (D.-H. V, 371) *My last request, for I command no more,*
Is that my body with Perseda's be
Interr'd where my Erastus lies entomb'd,
And let one epitaph contain us all — —

Tancr. (D.-H. VII, 92 — — *Her last request: thou shalt within one tomb*
Inter her Earl and her, and thereupon
Engrave some royal epitaph of love.
That done, I swear thee thou shalt take my corpse
Which thou shalt find by that time done to death,
And lay my body by my daughter's side.

---

[1]) Solim.(D.-H. p. 349) So sings the mariner upon the shore; vgl. Sp. Tr. p. 43.
„ („ — 356) What boots complaining where's no remedy; vgl. Sp. Tr. p. 30.
„ („ — 357) To send them down to everlasting night; vgl. Sp. Tr. p. 46.
„ („ — 360) My nightly dreams foretold me this; vgl. Sp. Tr. p. 24.
„ („ — 369) Fair-springing rose, ill-pluck'd before thy time: vgl. Sp. Tr. p. 59.
„ („ — 371) Boils like Aetna in my frying guts; vgl. Sp. Tr. S. 100.

In der ersten Bearbeitung des Tancred (von 1568) lautet diese Stelle weniger ähnlich (D.-H. VII, 5):

> she shall have her request
> And in most royall sorte her funerall
> Will I performe. Within one tombe shall rest
> Her earle and she, her epitaph withall
> Graved there on shall be. This will I doe,
> And when these eyes some aged teres have shed,
> The tomb myself then will I crepe into
> And with my blood all hayne their bodies dead

Auch mit (Peeles) Battle of Alcazar, welches Stück sicher 1591—92, wahrscheinlich aber schon 1589 [1]) aufgeführt worden ist, scheinen Beziehungen zu bestehen. Der Vers:

Solim. (S. 261) *The Moor upon his hot Barbarian horse*

könnte eine Reminiscenz an:

B. of A. (Dyce S. 440) *He (viz. the Moor) mounteth on a hot Barbarian horse*

darstellen; auch lassen sich die Worte Brusors heranziehen:

Solim. (S. 265) — — *Under the conduct of great Soliman*
Have I been chief commander of a host
— — *The desert plains of Afric have I stain'd*
With blood of Moors.

Auf eine Parallele zwischen der B. of A. und der Sp. Tr. hat Schröer (Titus Andron. S. 72) aufmerksam gemacht. Möglich ist es allerdings, dass umgekehrte Beeinflussung vorliegt. — Es liesse sich daher immerhin denken, dass die Darstellungsweise und Diction von Solim. auch ein wenig durch Sh.'s und Marlowes Erstlingsdramen beeinflusst wäre. Mir ist aber, ausser der angeführten Parallelstelle zwischen Solim. und Henr. 6 A, welche eher auf ein umgekehrtes Verhältniss schliessen lässt, und einem Anklang zwischen Tit. Andr. und Solim. *(cedarsshrubs)*, der allenfalls auch zufällig sein kann, nur aufgefallen,

---

[1]) Denn es ist doch wohl identisch mit dem in Peele's Farewell (1589) erwähnten Drama Tom Stukeley, da Tom Stukeley eine Hauptperson der B. of A. ist. Dass derselbe poetische Stoff von zwei Dichtern bald nacheinander behandelt wurde, kam ja allerdings später, wegen der Concurrenz der Bühnen, häufig genug vor, ist aber in der Zeit um 1590 noch kaum bezeugt. Vgl. Lämmerhirt, Ueber George Peele S. 66.

dass das heroinenhafte Auftreten der Perseda im letzten Akt des Soliman, ihr Zweikampf mit Soliman an die Pucelle in Henr. 6 A erinnert.

Bei einer anderen Scene des Solim., derjenigen, in welcher Perseda enthauptet werden soll, ihr Henker aber, durch die Schönheit ihres Antlitzes verwirrt, zurückschaudert, wäre es möglich, dass der Dichter an die Hinrichtung der Maria Stuart (1587) gedacht hätte. Indessen so verlockend solche Combinationen auch sind, so sind sie doch sehr unsicher: und es lässt sich aus ihnen kaum ein Anhalt für eine genauere Datirung entnehmen.

Wir können nur mit einiger Wahrscheinlichkeit sagen, dass die Tragödie zuerst innerhalb der Jahre 1578—87 (1582—87?) gedichtet wurde, und durch eine spätere Neubearbeitung um 1591 im Wesentlichen die Form erhielt, in der sie überliefert ist.

Aus der Abfassungszeit der Dramen, aus der im Vergleich mit Marlowes und Shakespeares Jugenddramen etwas alterthümlicheren Darstellungs- und Redeweise, lässt sich schliessen, dass Thomas Kyd einige, aber nicht viele Jahre älter als Shakespeare war. Francis Meres, der bei seiner Aufzählung der besten Tragödiendichter eine chronologische Reihenfolge offenbar anstrebt, wenn auch nicht genau beobachtet, nennt Kyd hinter Peele und Watson und unmittelbar vor Shakespeare.

III. ZUR BIOGRAPHIE UND CHARAKTERISTIK THOMAS KYDS.

Wie Ch. Robinson nachgewiesen (Academy, 1887, I, 346), wurde ‚Thomas Kydd, son of Francis scrivener‘ am 26. October 1565 als Schüler in die Merchant Tailors' School zu London aufgenommen (dieselbe Schule, welche auch Edmund Spenser und Thomas Lodge besuchten). Die Identität dieses ‚Thomas Kyd‘ mit dem Dichter Thomas Kyd ist zwar nicht ganz sicher, aber doch höchst wahrscheinlich, da der Name Kyd ziemlich selten ist, und das Lebensalter recht gut zu der eben begründeten Voraussetzung stimmt. Wir werden also annehmen dürfen, dass der Dichter der Sohn des Gerichtsschreibers Francis Kyd in London und um 1558 geboren war (da zu jener Zeit Knaben gewöhnlich mit 7—8 Jahren in die Schule kamen). Die gute Schulbildung, welche der Dichter genossen hatte, geht auch aus seinen Dichtungen hervor. Es scheint sogar, dass er die Universität besucht hat, und zwar in Cambridge; denn bei seinen Helden Jeronimo und Horatio hebt Kyd die Universitätsbildung hervor und in dem Jeronimo-Vorspiel kommen studentische Slang-Ausdrücke vor, die gerade in Cambridge üblich waren. Da indessen nicht ganz sicher ist, ob dies Vorspiel, so wie es vorliegt, durchaus von Kyd verfasst ist, da andererseits in den Cambridger Matrikeln der Name Thomas Kyds nicht ermittelt worden ist, so lässt sich nach dieser Richtung nicht über eine Vermuthung hinauskommen.

Ebensowenig wissen wir über den Beruf, dem sich Kyd später zugewandt hat. Auch aus der Darstellungsweise der Dramen lässt sich kaum etwas entnehmen. In der Sp. Tr. tritt eine gewisse Vorliebe für das Waffenhandwerk hervor.

Einige juristische Kunstausdrücke und Wendungen scheinen darauf hinzudeuten, dass Kyd dem Berufe seines Vaters Interesse und Verständniss entgegenbrachte, ohne dass indessen nothwendig geschlossen zu werden braucht, dass er selbst sich der juristischen Laufbahn gewidmet hatte. Andererseits zeigt er sich in der Sp. Tr. mit Bühneneinrichtungen vertraut, spielt ähnlich wie Sh. gern auf das Theaterleben an, woraus aber wiederum nicht mit Nothwendigkeit hervorgeht, dass er etwa selbst Schauspieler gewesen. Etwas bemerkenswerther ist die Thatsache, dass in den Dramen nicht bloss allerhand fernliegende geschichtliche, naturwissenschaftliche, sprachliche, philologische Kenntnisse in etwas pedantischer Weise ausgekramt werden, sondern dass auch mehrere Anspielungen, Vergleiche auf den Beruf des Pädagogen hinweisen, und dass einige Scenen einen geradezu schulmeisterlichen Eindruck machen. Ich erinnere namentlich an die Scene, in der Jeronimo seinem Sohn Horatio einen Brief dictirt, sowie in der Sp. Tr. an den Einfall, das Soliman-Schauspiel in verschiedenen Sprachen aufzuführen, oder an Jeronimos pantomimische Geschichtsdarstellung mit erläuternden Worten, die sich mit des Schulmeisters Holofernes Spiel von den 9 Recken in LLL. vergleichen lässt.

Ist Kyd etwa eine Zeit lang Lehrer gewesen, wie Robert Greene? — Es kann leicht sein, dass er sich in verschiedenen Berufsarten versucht hat. — Die Vertrautheit mit der französischen und italienischen Sprache scheint darauf hinzudeuten, dass Kyd sich eine Zeit lang auf dem Continent aufgehalten hat. Aus mehrfachen Aeusserungen Kyds, dem lateinischen Stossseufzer am Schluss der Cornelia: ‚Non prosunt domino, quae prosunt omnibus artes', aus den Worten Jeronimos über die Unerspriesslichkeit der Poesie in der Sp. Tr., sowie aus der Vorrede der Cornelia lässt sich schliessen, dass dem Dichter seine Dramen wenig materiellen Gewinn eingetragen, und dass es ihm zeitweilig recht schlecht gegangen ist. Im Jahre 1592 liess er sich sogar herbei, eine gewöhnliche Mordgeschichte zu einem moralischen Tractätlein zu verarbeiten, was doch wohl die unterste Stufe des Litteratenthums bezeichnet. — Die Gräfin Sussex, welche Kyd in der Vorrede zur Cornelia als eine Gönnerin bezeichnet, ist jedenfalls identisch mit Frances, der

Wittwe des vierten Grafen von Sussex, der Tante Sir Philip Sidneys. Wann Kyd gestorben, ist unbekannt; nach 1594 fehlt jedes Lebenszeichen. In Ben Jonsons Every Man in his humour (1596—97 verfasst) lässt sich eine Anspielung auf die Sp. Tr. so deuten, dass der Verfasser des Stückes damals nicht mehr am Leben war; der Dichter der Sp. Tr. wird nämlich mit den ‚poets of these times' verglichen und über sie gestellt. Bald danach, um 1601, arbeitete Ben Jonson die Sp. Tr. um, was er zu Lebzeiten Kyds wohl nicht gethan hätte.

Wenn somit von dem Leben unseres Dichters fast gar nichts bekannt ist, so ist es noch schwerer sich von seiner Persönlichkeit und Gesinnung auch nur ein ungefähres Bild zu machen. Francis Meres stellt Kyd in der Palladis Tamia mit Tasso in Parallele, ein Vergleich, der sich wohl mehr auf den litterarischen Charakter bezieht, aber auch da wenig zutreffend scheint. Höchstens könnte man an den romantischen und melancholischen Grundton von Kyds Dichtungen denken, sowie an seine Virtuosität in der Darstellung des Irrsinns.

Die Frömmigkeit und Strenggläubigkeit unseres Dichters (im Gegensatz zu Marlowes ‚Atheismus' und Greenes Freigeisterei) erhellt besonders aus dem Eingang und Schluss seiner Prosaschrift, aber auch aus Wendungen wie (Solim. a. a. O. S. 331)
'*For what is misery but want of God?*'
Erastus sowohl wie Perseda sind, wie erwähnt, frömmer gezeichnet, als die entsprechenden Personen in der Originalerzählung. Im Einklang mit dieser Gemüthsrichtung steht eine Neigung zu moralisiren und Personen wie Handlungen nach ihrem ethischen Werth zu beurtheilen. Beliebte Epitheta sind ‚virtuous', ‚spotless', ‚heroic(al)', ‚barbarous', ‚inhumane', ‚unkind', ‚injurious'. Ueberhaupt ist der Stil und die Darstellungsweise Kyds trotz der Rohheiten und Grausamkeiten, welche wohl eine Concession an den Geschmack des Publikums waren, trotz des Bombastes, mit dem der Dichter sogar Marlowe, wie es scheint, noch zu überschreien versucht, doch im Ganzen viel weicher und empfindsamer als bei Marlowe. In zärtlichen Gefühlsäusserungen von Liebe, Freundschaft, verwandtschaftlicher Zuneigung scheint der Dichter sich gern zu ergehen. Das Verhältniss Jeronimos zu seinem Sohn Horatio schildert er

mit grosser Wärme und Innigkeit; in den Klagen des Vaters über den Tod seines Sohnes findet er Accente, die vor ihm in der dramatischen Dichtung Englands noch nicht vernommen waren. Freilich werden wir des elegischen und larmoyanten Tones zuletzt überdrüssig.

In den burlesken Scenen von Kyds Dramen dürfen wir wohl wiederum eine Nachgiebigkeit gegen den Volks- und Zeitgeschmack sehen; die Witze und Spässe sind manchmal recht schwach. Indessen lässt sich einiger Sinn für Humor unserm Dichter nicht absprechen. Die Figuren des Basilisco und Piston in Solim. sind gar nicht übel; auch die humoristische Zeichnung von Jeronimo im Vorspiel zur Sp. Tr. ist bemerkenswerth. Der Galgenhumor des Pedringano in der Sp. Tr. berührt uns freilich nicht sehr angenehm; aber auf die Lachmuskeln des Publikums jener Zeit wird er seine Wirkung nicht verfehlt haben. Dass in der Sp. Tr. der Humor weniger zur Geltung kommt, erklärt sich aus dem Vorwiegen der tragischen Stimmung, vielleicht auch dadurch, dass der Dichter in reiferen Jahren eine ernstere Gemüthsrichtung erhielt.

Ueber die Composition von Kyds Dramen ist nicht viel Rühmenswerthes zu sagen. Sie steht eben noch auf dem niedrigen Niveau des vorshakespeareschen Dramas. Indessen dürfen wir wohl behaupten, dass die Sp. Tr. wenigstens besser componirt ist als alle Dramen Greenes (mit Ausnahme vielleicht von James IV) und auch als die meisten Tragödien Marlowes. Besonders finden wir bei Kyd eine grössere Einheit der Handlung, eine bessere Concentration des Interesses auf einige wenige Personen. Kyds Tragödien können mehr als die seiner Zeitgenossen Intriguentragödien genannt werden. In dieser Beziehung erinnern sie an die italienischen Renaissancetragödien. Shakespeares Hamlet und Othello haben einen ähnlichen Charakter. Vielleicht ist die Eigenthümlichkeit zum Theil durch die französischen oder italienischen Novellen veranlasst, welche Kyd als Quellen benutzte; aber eine gewisse Verschmitztheit, mit welcher der Gang der Handlung und besonders die Katastrophe ausgeklügelt ist, scheint Kyd eigen zu sein. Ich hebe nur hervor, wie in Solim. Perseda noch im Tode ihren Liebhaber durch einen Kuss tödtet, den sie ihn auf ihre vergifteten Lippen pressen lässt: oder das Quiproquo der Ermordung Alcarios statt Andreas in Jeron.; oder endlich die raffinirte Rache Hieronimos in der Sp. Tragedy. Leider kennen wir die Quelle der Sp. Tr. nicht, aber wir dürfen wohl mit ziemlicher Sicherheit annehmen, dass die Katastrophe vom Dichter frei erfunden ist. Es scheint mir überhaupt nicht ganz unmöglich, dass die Sp. Tr. im Wesentlichen auf freier Erfindung des Dichters beruht, mit Benutzung von Motiven des Jeronimo-Vorspiels (oder von dessen Quelle), des Schauspiels von Soliman und Perseda und der älteren Hamlet-Tragödie verfasst ist.

Die Weltanschauung, welche in Kyds Dramen zum Ausdruck kommt, steht insofern noch auf der Stufe des antiken oder mittelalterlichen Dramas, als das Thun und Treiben der Menschen von der Willkür höherer Wesen abhängig gedacht ist. Die Personen stehen im Banne himmlischer oder höllischer Mächte, sind gleichsam ihre Werkzeuge, Spielfiguren. Fortuna, Amor, Mors und die Rachegöttinnen lenken das irdische Getriebe. Diese primitive Auffassung, welche bei Marlowe und noch mehr bei Shakespeare aufgegeben ist,[1]) bei Greene, Peele wenigstens schon zurücktritt, waltet besonders deutlich in Solim. und Perseda vor, während die Sp. Tr. schon etwas moderner ist.

Bei einer solchen Darstellung des menschlichen Lebens als eines Puppenspiels ist es erklärlich, wenn die Redeweise der Personen noch ziemlich steif und hölzern ist. Auch die Willenlosigkeit, Charakterschwäche, Unentschlossenheit und dann wieder blinde Wuth der handelnden Personen steht im Einklange mit der herrschenden Idee, ebenso die hohlen, pathetischen Klagen über die Missgunst der Fortuna, über das Zaudern der Rachegöttin.

‚Totus mundus agit histrionem.' Das ganze menschliche Leben ist für den Standpunkt des Dramas vor Marlowe und Shakespeare nur eine Tragikomödie, ein Schauspiel für Götter, ein Puppenspiel, in dem jede Figur ihre zugewiesene Rolle zu spielen hat, von Fortuna oder Amor hin- und hergezogen und gestossen wird, und alle schliesslich von ‚Revenge' oder ‚Death'

---

[1]) Nur in Marlowes Faustus und in Shakespeares Macbeth klingt die alte Anschauung noch durch.

eingeheimst und in den Acheron befördert werden. Bei den Wechselfällen des Schicksals bleibt den Personen nichts übrig. als zu leiden und zu klagen.

Das Drama ist von diesem Standpunkt aus, noch in anderem als dem gewöhnlichen Sinne, nur ein Spiegelbild des wirklichen Lebens, ein Schauspiel im Schauspiel. Eine solche Auffassung kann nun leicht einen Dichter auf die Idee bringen, im Schauspiel noch ein Schauspiel aufführen zu lassen, in welchem wie in einem Hohlspiegel der Grundgedanke des Dramas reflektirt wird. Kyd ist, soviel wir wissen, der erste, der diesen romantisch-ironischen Trick angewandt hat. Vielleicht ist er schon vor der Sp. Tr. in dem (verlorengegangenen) Ur-Hamlet und in dem älteren Lustspiel von der Widerspänstigen Zähmung versucht worden — welche beiden Stücke von Manchen Kyd zugeschrieben werden. Während in Shakespeares Hamlet das eingelegte Schauspiel in wirksamer Weise als Hebel der Handlung verwandt wird, dient das Soliman-Drama in der Sp. Tr., welches gleichfalls wie in einem Brennspiegel die Grundidee der Tragödie wiedergiebt, dazu, die Katastrophe herbeizuführen, zwar sehr effektvoll, aber nach unseren Begriffen geschmacklos.

Die Beliebtheit der Sp. Tr. erklärt sich wohl zumeist aus der spannenden, an Bühneneffekten reichen Handlung, die nur im vierten Akt (nach der alten Eintheilung in der zweiten Hälfte des dritten) etwas erlahmt. In Solim. und in dem Jeronimo-Vorspiel dagegen ist die Effekthascherei zuweit getrieben, sind die Morde und Metzeleien gar zu sehr gehäuft.

Eine entschiedene Schwäche von Kyds dramatischer Dichtkunst liegt in dem Mangel an Wirklichkeitssinn und Beobachtungsgabe. Die Charakterzeichnung geht doch noch nicht viel über die herkömmlichen Typen hinaus. Die Darstellung ist wenig anschaulich und nicht sehr charakteristisch ; realistisches Detail fehlt fast gänzlich ; nur in Solim. finden sich einige ganz hübsche Ansätze zu lebensvollerer Darstellung. Im Ganzen aber steht in dieser Beziehung Kyds dramatische Dichtkunst hinter der Peeles und Greenes zurück. Das Stelldichein der Liebenden in der Sp. Tr. z. B., oder die erste Begegnung Solimans mit Perseda hätte Greene oder Peele viel frischer, natürlicher und reizvoller geschildert, während Kyd sich mit dem hergebrachten mythologischen Apparat von Flora, Venus, Luna, Apollo usw., und mit gezierten, stichomythischen Gesprächen begnügt.

In dieser wie in anderen Scenen können wir den Gelehrten und Stubendichter erkennen, der ohne viel Natur- und Menschenkenntniss, ohne lebhafte Anschauungen und Erinnerungen, nur durch litterarische Reminiscenzen unterstützt, die Situationen seiner Dramen sich auszumalen sucht.

Auch die Metaphern und Vergleiche sind gewöhnlich weit hergeholt und riechen oft nach der Lampe — oder vielmehr nach dem Talglicht.

Kyds Diction ist in der Cornelia und in der Sp. Tr. wenigstens recht gewählt und elegant, aber freilich auch oft steif, geschraubt, bombastisch.

Die litterarischen Vorbilder und Muster, an denen der Dichter seinen Stil gebildet hat, lassen sich z. Th. genau nachweisen. Einfluss Senecas, direkter, wie indirekter, ist besonders in der Sp. Tr. deutlich zu erkennen[1]); auch Senecas französischer Nachahmer Garnier scheint, wie schon bemerkt, die Darstellung der Sp. Tr. etwas beeinflusst zu haben. Direkte Nachahmung italienischer Dichter lässt sich wohl kaum annehmen, obwohl die Diction bisweilen sehr italienisch klingt. Um so deutlicher ist, wie oben gezeigt, die Einwirkung des euphuistischen Stils, besonders in der Sp. Tr. Auch Watsons Sonettenstil ist von Kyd mehrfach copirt worden.

Vielfach erinnert Kyds Stil natürlich auch an die älteren und ungefähr gleichzeitigen Dramen, ohne dass sich indessen eine bestimmte Nachahmung mit Sicherheit feststellen liesse. Anklänge an Gorboduc habe ich nicht gefunden; auch von Damon und Pithias scheint es mir jetzt zweifelhaft, ob Kyd dies ältere Drama gekannt hat, da die Parallelen nicht charakteristisch sind. Mit mehr Grund mag man Bekanntschaft mit dem alten Schauspiel ‚Triumphs of Love and Fortune' voraussetzen; wenigstens scheint im Sol. die Idee des Streites zwischen ‚Love‘, ‚Fortune‘ und ‚Death‘ daraus entlehnt. Wahr-

---

[1]) Ich gehe auf diesen Punkt wie auf andere nicht näher ein, da die angekündigte Ausgabe der Sp. Tr. von Dr. Schick voraussichtlich genaue Nachweise bringen wird.

scheinlicher noch dünkt mir, dass Kyd an der alten Tragödie 'Tancred and Gismunda', welche 1591 in neuer Bearbeitung erschien, seinen Stil gebildet hat. Der letzte Monolog Solimans erinnert, wie oben gezeigt, auffallend an die Schlussscene des Tancred. Das akademische Drama 'Misfortunes of Arthur' ist natürlich in der Darstellung und im Ton den Kydschen Dramen zuweilen auch sehr ähnlich, aber hier erklären sich die Uebereinstimmungen wohl meist aus der gemeinsamen Nachahmung Senecas.

Dem Stil Peeles scheint der unseres Dichters ziemlich fern zu stehen (abgesehen von den oben nachgewiesenen Berührungen): etwas mehr Aehnlichkeit findet mit Lodges Marius und Sulla statt, wobei indess wohl eher Lodge als Nachahmer aufzufassen ist (vgl. oben S. 3).

Eine nähere Berührung scheint zwischen Greenes Stil und dem von Kyd zu bestehen. Wenn wir manche Stellen aus Greenes Dichtungen, Dramen sowohl wie lyrischen Gedichten, mit solchen aus Kyds Tragödien vergleichen, könnten wir leicht auf die Vermuthung kommen, dass ein Dichter dem anderen nachgeahmt habe. So erinnert z. B. die erwähnte Stelle im Solim., wo Persedas Schönheit detaillirt geschildert wird, an das Lied aus Greenes Morando, the Tritameron of Love (1587)[1]), oder an die Schilderung der Maesia in dem Farewell of Folly (Dyce p. 308). Der Beginn des 2. Akts der Sp. Tr. (Dodsley-Hazlitt V, 36: *In time the flint is pierc'd with softest shower* etc.) scheint einen Anklang an das Lied aus Greenes Arbasto (Dyce p. 318) zu enthalten:

In time we see the silver drops
The craggy stones make soft etc.

---

[1]) Dyce, The poetical works of Robert Greene and George Peele p. 285:   — — *A face like modest Pallas, when she blush'd*
A seely shepherd should be beauty's judge;
A lip sweet ruby-red, grac'd with delight:
A cheek wherein for interchange of hue
A wrangling strife twixt lily and the rose;
Her eyes two twinkling stars in winter-nights
When chilling frost doth clear the azur'd sky;
Her hair of golden hue doth dim the beams
That proud Apollo giveth from his coach etc.

Oder wenn in Greenes James IV (V. 6: bei Dyce p. 220) der Zwerg Nano sagt:

> — — *Nature when she fram'd me*
> *Was scant of Earth, and Nano therefore nam'd me:*
> *And when she saw my body was so small,*
> *She gave me wit to make it big withal*

so werden wir an die Worte Jeronimos erinnert (Dodsley-Hazlitt IV, 361):

> *My mind's a giant, though my bulk is small.*

Vielleicht sind die Rollen des Jeronimo und des Nano ein und demselben Schauspieler, der von kleiner Statur war, auf den Leib geschrieben worden.

In Greenes Menaphon klagt der Held:

> *Forlorn and forsook, since physic doth loth thee, despair be thy death; Love is a god and despiseth thee a man; Fortune blind, and cannot behold thy deserts: die, die, fond Menaphon.*

Und mit merkwürdig ähnlichen Worten klagt der König von Portugal in der Sp. Tr.:

> *Fortune is blind, and sees not my deserts.*

In einem Liede aus dem Menaphon (bei Dyce S. 289) findet sich der Vers:

> *Her neck like to an ivory shining tower.*

Dieselbe Metapher begegnet in einem Verse von Solim. (Dodsley-Hazlitt V, 336):

> *Her milkwhite neck, that alabaster tower.*

Sehr ähnlich klingen auch die Verse:

Greene's James IV (Dyce p. 194) *As welcome is my honest Dick to me,*
As morning's sun
und Sol. (D.-H. V, 260) *And far more welcome is this change to me,*
Than sunny days —

Solche und ähnliche Anklänge können indessen auch zufällig oder durch ein gemeinsames Muster veranlasst sein. Es ist zu bedenken, dass Greene ebenso wie Kyd den euphuistischen Stil nachahmte, dass er vermuthlich auch Watsons Hecatompathia kannte, dass beide Dichter, Kyd und Greene, wohl gelegentlich den italienischen Sonettenstil, den sie aus den Originalen oder deren englischen Nachahmungen kennen gelernt, zu copiren suchten. Aber es ist immerhin bemerkenswerth, dass Greenes Diction und Versbau im Allgemeinen dem Kyds wohl am nächsten steht, sowohl was Anwendung rhetorischer Kunstmittel wie Anaphora, Antithese mit Allitteration, Stichomythie betrifft, wie in dem Wechsel von Blankversen mit Reimversen.

Besonders Greenes James IV scheint mit der Sp. Tr. sich nahe zu berühren. Indessen schreibt Greene leichter, anmuthiger, weniger forcirt und manierirt, allerdings auch weniger kräftig und pathetisch.

Wie Köppel gezeigt hat, kannte Greene die Geschichte von ‚Erasto‘ und ‚Persida‘, aber wahrscheinlich nicht aus dem Drama, sondern aus Wottons Novellensammlung.

Von persönlichen Beziehungen Kyds zu Greene wissen wir nichts. Seine bekannten Warnungen und Mahnungen an litterarische Kollegen hat Greene, wie es scheint, nur an Marlowe, Nash, Peele, aber nicht an Kyd gerichtet. Dürfen wir daraus schliessen, dass die beiden Dichter, die doch zur selben Zeit in London für dieselbe Bühne schrieben, nicht mit einander bekannt waren? Oder etwa, dass der Lebenswandel Kyds nicht denselben Vorwürfen ausgesetzt war, wie der jener anderen Dichter? —

Auf einige wenige Berührungen zwischen Kyds und Marlowes Dramen ist oben schon hingewiesen.

Bisweilen erinnert die Darstellungsweise nicht nur in Soliman, sondern auch in der Sp. Tr. (und im Jeron.) noch etwas an die um 1590 schon veraltenden Moralitäten. So lässt sich jenes von Hieronimo veranstaltete Maskenspiel, in welchem 3 englische Ritter auftreten, ihre Schilde aufhängen, den Portugiesen und Spaniern zum Trotz, und 3 Könige gefangen nehmen (Sp. Tr. D.-H. V, 33), vergleichen mit einer Scene aus den ‚Three Lords and three Ladies of London‘, (D.-H. VI, 473), in welcher ebenfalls 3 englische ‚Lords‘ auftreten, 3 Spaniern zum Trotz ihre Schilde aufhängen und ihre Gegner verjagen.

Und wenn wir in Jeron. (D.-H. IV, 353) lesen:

Ambition's plumes, that flourished in our court
Severe Authority has dashed with Justice

And Policy and Pride walk like two exiles
Giving attendance, that were once attended

so gemahnt diese Personification an eben dasselbe Stück, in welchem Policy, Pride und Ambition auftreten. Diese im Jahre 1590 gedruckte Moralität ist, wie aus dem Inhalt hervorgeht, kurz vor dem Untergang der Armada, also 1587—88, verfasst und aufgeführt worden. Auch diese Berührungen weisen also wieder auf die für die Sp. Tr. angenommene Abfassungszeit hin.

Endlich sei auch noch der Berührungen mit dem Pseudo-Shakespearischen Drama ‚Arden of Feversham' gedacht. Die Diction ist zuweilen ganz auffallend ähnlich, wie aus folgenden Parallelen erhellen wird:

    Arden (edd. Warnke-Proescholdt)
        S. 35 *What dismall outcry cals me from my rest?*
Sp. Tr. S. 54 *What outcries pluck me from my naked bed?*
Arden S. 44 *And thereon will I chiefly meditate*
Sp. Tr. S. 44 *But whereon dost thou chiefly meditate?*
Arden S. 46 *And nips me as the bitter Northeast wind*
        Doeth check the tender blossoms in the spring
Sp. Tr. S. 7 *But in the harvest of my summer joys*
       Death's winter nipp'd the blossoms of my bliss
Arden S. 36 *And Arden sent to everlasting night*
Sol. S. 357 *And send them down to everlasting night*
Arden S. 53 *Why should he thrust his sickle in our corne*
Sol. S. 340 *That thrust his sickle in my harvest-corn.*

Diese Anklänge dürften sich wohl nicht als allgemein übliche Formeln, sondern nur als Reminiscenzen erklären lassen. Ob man aber daraus mit Fleay den Schluss ziehen darf, dass Arden of Feversham ebenfalls von Kyd verfasst ist, scheint mir mindestens sehr zweifelhaft. Im Ganzen ist der Stil, die Darstellungsweise, die Composition jener dramatisirten Criminalgeschichte denn doch von Kyds Weise recht verschieden. Allerdings ist zu bedenken, dass Kyds dichterische Kunst recht versatil ist, auch dass er eine ähnliche zeitgenössische Mordgeschichte in Prosa erzählt hat. Ich möchte Fleays Annahme nicht rundweg ablehnen, kann sie aber auch nicht als nur einigermassen wahrscheinlich anerkennen. Wenn nun Ar. of Fev. von einem anderen Dichter verfasst ist, erhebt sich wiederum die Frage, ob jener andere Dichter oder ob Kyd der Nachahmer ist. A. of Fev. ist ja allerdings früher (1592) im Druck erschienen als die Sp. Tr. oder Soliman, daraus folgt aber noch durchaus nicht die Priorität der Abfassung.

Vielleicht geben die erwähnten Parallelen Fingerzeige, welche dereinst zu einer genaueren Bestimmung des litterarhistorischen Zusammenhangs führen.

IV. NACHAHMER KYDS.

Die Beliebtheit von Kyds Dramen, besonders der Spanischen Tragödie, geht nicht nur aus den häufigen und gutbesuchten Aufführungen, aus den mehrfachen Ausgaben, aus Ben Jonsons Neubearbeitung der Sp. Tr. hervor, sondern auch, wie bekannt, aus mannigfachen Anspielungen und Entlehnungen, welche in Shakespeares, Ben Jonsons Dramen und denen anderer Dichter begegnen (Markscheffel, Thomas Kyd II, 7; Ritzenfeldt, Gebrauch des Pronomens, Artikels und Verbs bei Thomas Kyd. Kiel. Diss. 1889 S. 69).

Eigentliche Nachahmung von Kyds Stil habe ich indessen (abgesehen vom Titus Andron.) nur in 2 Dramen jener Zeit gefunden: den anonymen Lustspielen ‚Wily beguiled‘ und und ‚Pilgrimage to Parnassus‘ (Return from Parnassus).

Beide Stücke stammen merkwürdiger Weise aus akademischen Kreisen (Cambridge); beide sind zufällig in demselben Jahre (1606) im Druck erschienen.

Das Lustspiel ‚Wily beguiled‘ (bei Dodsley-Hazlitt IX) ist bekanntlich auch merkwürdig als das früheste Beispiel einer Nachahmung von Shakespeares Stil durch einen anderen Dichter: zwei Stellen daraus (D.-H. IX, 314, 319) sind bekannten Scenen des Merch. of Ven. nachgeahmt (Mondscheinnacht, Klagen Shylocks über die Entführung der Jessica): an anderen Stellen klingen Reminiscenzen an Romeo and Jul. durch, so namentlich in den Reden der Amme[1]); und die Rolle, welche Robin Goodfellow im Stücke spielt, deutet auf Bekanntschaft mit dem Sommernachtstraum hin. Viel häufiger aber sind die

---

[1]) Man vergleiche z. B. die Worte der Amme in Wily beg. (D.-H. IX, 261): ‚Why, he's a man as one should picture him in wax‘ mit Rom. I. 3, 76 ‚Why, he's a man of wax.‘

Spuren einer Nachahmung von Kyds Stil, besonders der Sp. Tr., wie aus folgenden Parallelstellen hervorgehen wird:

W. B. (D.-H. IX, 235) *When Phoebus wares unto the western deep.*
Sp. Tr. (D.-H. V, 14) *Phoebus waving to the western deep.*
W. B. (D.-H. IX. 278) *Here, here doth Sophos turn Ixion's restless wheel.*
Sp. Tr. (D.-H. V. 9) *Where poor Ixion turns an endless wheel.*

W. B. (D.-H. IX, 235) *— — As the poor distressed mariner*
Long toss'd by shipwreck on the foaming waves,
At length beholds the long-wish'd haven,
Although from far his heart doth dance for joy:
So love's consent at length my mind hath eased.

Sp. Tr. (D.-H. V. 43) *My heart, sweet friend, is like a ship at sea,*
She wisheth port: where, riding all at ease,
She may repair what stormy times have worn:
And leaning on the shore, may sing with joy,
That pleasure follows pain, and bliss annoy.
Possession of thy love's the only port,
Wherein my heart, with fears and hopes long toss'd,
Each hour doth wish and long to make resort.

Sol. (D.-H. V, 349) *So sings the mariner upon the shore,*
When he hath pass'd the dangerous time of storms.

W. B. (D.-H. IX, 263) *I cannot live content in discontent.*
Sp. Tr. (D.-H. V, 21) *Then rest we here awhile in our unrest.*
Sp. Tr. (D.-H. V, 59) *Then will I joy amidst my discontent.*
W. B. (D.-H. IX, 278) *Ah! said I life? a life far worse than death.*
Sp. Tr. (D.-H. V, 67) *O life! no life, but lively form of death*
O world! no world but mass of public wrongs.
W. B. (D.-H. IX, 286) *No world, at all, but mass of open wrongs.*
W. B. (D.-H. IX, 281) *But only Fortunatus, he's my second self.*
Sol. (D.-H. IX, 296) *How fares Perseda, my sweet second self?*
W. B. a. a. O. 281 *My mind, sweet friend, is like a mastless ship etc.*
Sol. a. a. O. 259 *But shall I like a mastless ship at sea,*
Go ev'ry way, and not the way I would?
Sp. Tr. 43 *My heart, sweet friend, is like a ship at sea.*
W. B. 282 *Thrice three times Sol hath slept in Thetis' lap.*
Sp. Tr. 8 *Ere Sol had slept three nights in Thetis' lap.*
W. B. 286 *To morrow night, when Vesper 'gins to shine.*
Sp. Tr. 46 *Our hour shall be, when Vespers gins to rise.*
W. B. 307 *— — Fair Proserpine — — — — —*
Hath sent me here from depth of underground.
Sp. Tr. 35 *Come we for this from depth of underground?*

Die Scene in W. B. 311 ff. (Stelldichein, von einem Dritten belauscht) ist ganz deutlich der Sp. Tr. a. a. O. S. 46 nachgeahmt. Die Worte, welche der Lauscher bei Seite spricht, sind fast gleichlautend:

W. B. 311 *Nay, first I'll send thy soul to coalblack night.*
Sp. Tr. 46 *Ay, danger mixed with jealous despite
Shall send thy soul into eternal night.*

Und weiterhin lassen sich vergleichen:

W. B. 314 *See how the twinkling stars do hide their borrow'd shine.*
Sp. Tr. 50 *The stars, thou seest, hold back their twinkling shine.*

Auch eine für Kyd ganz charakteristische Stilmanier (vgl. oben S. 4) finden wir in W. B. 323 nachgeahmt.

Ungleich feiner ist die Nachahmung von Kyds Stil in dem auch sonst ungemein interessanten Stücke ‚The Pilgrimage to Parnassus', dessen talentvoller Verfasser leider ebenfalls unbekannt ist. Rev. W. D. Macray hat durch die vollständige Veröffentlichung dieser Trilogie, deren letzter, im Jahre 1606 gedruckter Theil früher allein bekannt war, den Dank aller Litteratur- und Kulturforscher verdient, welche sich mit dem Zeitalter der Königin Elisabeth beschäftigen. Die drei satirischen Komödien (Pilgrimage to Parnassus, Return from Parnassus I, II), welche in den Jahren 1598—1601 im St. John's College zu Cambridge zur Aufführung gekommen sein müssen (vgl. John W. Hales Academy 1887, I p. 193), bieten namentlich für die Litterarhistoriker eine reiche Fundgrube. Der Verfasser, jedenfalls ein Cambridger Student, zeigt sich sehr belesen in der zeitgenössischen Litteratur und merkwürdig vertraut mit den Charakteren und persönlichen Verhältnissen mehrerer Schriftsteller. Und wenn er auch die Grösse Shakespeares noch nicht recht zu würdigen wusste, und von Schauspielern und Schauspieldichtern, als Gelehrter, etwas geringschätzig dachte, so war er doch sonst ein urtheilsfähiger und feinfühliger Kritiker und besass jedenfalls die in seiner Zeit noch seltene Gabe litterarhistorischer Charakteristik. Die Urtheile, welche Judicio über die Dichter seiner Zeit fällt (Pilgr. p. 84), sind ganz treffend. An einer anderen Stelle (p. 62) ahmt Ingenioso den Stil Chaucers, Spensers, Shakespeares in drolliger Weise nach.

Der Verfasser der Pilgr.[1]) hat in seinen Charakteren offenbar nicht nur Typen, sondern auch mehrfach bestimmte Personen gezeichnet, z. Th., wie Burbage, Kempe, mit ihren wirklichen Namen auftreten lassen. Schon in James Bass Mullinger's University of Cambridge (1884) p. 526 und in Macrays Vorrede zu der Pilgr. p. VI ist darauf hingewiesen, dass der Figur des Recorder eine persönliche Satire auf den damaligen Recorder von Cambridge, Francis Brackyn, zu Grunde liegt. Die durchsichtige Maske des ‚Ingenioso' ist von John W. Hales in der Acad. (a. a. O.) gelüftet worden. Ingenioso sagt (Pilgr. 153), dass Cambridge unfreundlich gegen ihn gewesen wäre und darum die Milch seiner frommer Denkart sich in Galle verwandelt hätte. Er will Juvenal nachahmen und Satiren schreiben (p. 80). Er hat eine Unterredung mit seinem Verleger, dem Buchdrucker Danter (p. 88). Zuletzt wandert er mit seinen Freunden Furor und Phantasma nach der Hundeinsel (Ile of Dogges) aus (p. 150). Das Alles passt auf den Schriftsteller **Thomas Nash**, der in den Jahren 1599—1601 gestorben sein muss. Nash hatte in Cambridge und zwar gerade in St. John's College studirt und war von der Universität relegirt worden. Er ging nach London, wurde Litterat und machte sich als Satiriker einen gefürchteten Namen. Von Greene wurde er in dem bekannten Pamphlet ‚Groatsworth of Wit' als ‚young Juvenal' angeredet. Einige seiner Schriften sind im Verlage von John Danter erschienen. Er hat ein ungedrucktes Lustspiel ‚Isle of Dogs' verfasst (Ward. Hist of Engl. Dram. Lit. I, 229). Von Hales ist a. a. O. auch gezeigt worden, dass der Inhalt der Reden Ingeniosos z. Th. mit wörtlichen Anklängen aus Nashs Schrift ‚Pierce Penniless his Supplication to the Devil' entnommen ist.

Kaum weniger deutlich ist **Furor Poeticus**, Ingeniosos Freund, zu erkennen. Furor, der ebenfalls als ehemaliger Cambridger Student bezeichnet wird (Pilgr. 150, 126), erscheint als verkommenes Genie. Er redet in bombastischen, mit classischen Anspielungen gespickten Blankversen. Er charakterisirt seine Dichtung selbst als *‚my high tiptoe strouting*

---

[1]) Ich wende die Bezeichnung Pilgr(image) der Kürze wegen für die ganze Trilogie an.

poesye' (Pilgr. 124); Ingenioso nennt ihn „*a nimble swaggerer with a goose quill*" (124) und bezeichnet seine Poesie als „*a very terrible roaring muse, nothing but squibs and fireworks*". Schon aus diesen Ausdrücken könnte man auf **Marlowe** schliessen, der ja ebenfalls in Cambridge studirt hatte und mit Nash in der That befreundet war. Es finden sich aber auch in Furors Reden bestimmte Anklänge an Marlowes Dramen. So erinnern die Verse

> *And Hircan Tigers in the desert Rockes*
> *Did foster vp thy loathed hatefull life* (Pilgr. 136)

deutlich an eine Stelle aus dem von Marlowe und Nash gemeinschaftlich verfassten Drama Dido (IV, 3):

> — — *tigers of Hyrcania gave thee suck.*

Der Vers

> *Awake, you paltry trulles of Helicon!*

klingt im Rhythmus und Ton ganz ähnlich, wie jener vielverspottete Vers Marlowes (Tamb. B. IV, 3):

> *Holla, ye pampered jades of Asia!*

Auch Furors Verse (Pilgr. 134):

> *I'le make the Antarticke pole to kiss thy toa,*
> *And Cinthia to do homage to thy tale*

enthalten eine deutliche Persiflage von Marlowes Bombast. Man vergleiche z. B.

Tamb. B. V, 3 *And from the Antartique Pole Eastward behold*
> *As much more land, which neuer was descried.*

Tamb. A. IV, 4 *We meane to traueile to th'Antartique Pole*
und Tamb. A I, 1 — — — *a man.*
> *At whose byrth-day Cynthia with Saturne joinde*

Tamb. A. IV, 2 *Disdaine to borrow light of Cynthia.*

Furors Erwähnung des Lucifer endlich (Pilgr. 137) scheint auf Marlowes Faustus hinzuweisen.

Schwieriger zu deuten ist „**Phantasma**", eine Person, die fast nur in lateinischen Citaten redet. Ingenioso charakterisirt die poetischen Eigenthümlichkeiten von Furor und Phantasma in folgender Weise (Pilgr. 130): *Furor, fire the touch-box of your witte: Phantasma, let your invention play tricks like an ape: begin thou, Furor, and open like a phlapmouthed hound: follow thou Phantasma like a Ladies Puppie.* An einer

anderen Stelle (Pilgr. 125) spricht Ingenioso von Phantasmas
„piping poetry and sugar endes of verses', und von seiner
„juggling rhetoricke'. Diese Charakteristik trifft wohl am besten
auf John Lyly zu, der ja wirklich mit Nash befreundet war.
Das Einstreuen lateinischer Citate ist in Lylys dramatischen
Dichtungen besonders beliebt. Und zu Marlowes Poesie verhält sich die Lylys allerdings etwa wie ein zierliches Schoosshündchen zu einem blutdürstigen Jagdhund. Auch der Name
„Phantasma" und die Erwähnung der Künste seiner Einbildungskraft passt recht gut.

Die einzige längere Rede Phantasmas (Pilgr. 152) lautet:
*Canes timidi vehementius latrant. There are certaine burrs
in the Ile of doggs called in our English tongue men of worship,
certaine briars as the Indians call them, as we say certaine
lawyers, certaine great lumps of earth, as the Arabians call
them, certaine grosers as wee tearme them, quos ego sed motos
praestat componere fluctus.*

Dieser Nonsens scheint eine freilich nicht sehr geschickte
Persiflage des euphuistischen Stils darzustellen.

Die Verse Phantasmas (Pilgr. 138):
> *Ile lash Apolles selfe with jerking hand*
> *Vnlesse he pawne his wit to buy me land'*

könnten eine Anspielung auf Lylys schwache Komödie „Mydas"
(1592) und den schlechten Gesang Apollos enthalten.

Die erste Scene, in welcher Furor und Phantasma auftreten (Ret. from Parn. I, 6; Pilgr. 93), bietet folgende Verse,
welche in den Ausgaben Furor, in der von Macray benutzten
Handschrift aber richtiger zum Theil Phantasma in den Mund
gelegt sind:
> *(Phant.) I am your holy swayne, that night and day,*
> *Sit for your sakes rubbing my wrinkled browe,*
> *Studying a moneth for one fitt Epithete.*
> *(Fur.) Nay, siluer Cinthia, do not trouble me:*
> *Straight will I thy Endimion's store write,*
> *To which thou hastest me on both day and night.*

Wie es scheint, liegt hier eine Anspielung auf Lylys
Endimion vor. Die Verse sind auch gar nicht im Stil von
Furor. Es ist also wohl anzunehmen, dass sie ursprünglich
vollständig Phantasma in den Mund gelegt waren, und dass

die Rede Furors erst mit dem folgenden Verse: ‚You light-skirt starres' begann.

Unter der Figur des Academico, der sich vergeblich um eine Stelle bewirbt, ist offenbar ein bekannter Cambridger Gelehrter zu verstehen; denn Ingenioso sagt in der letzten Scene (Pilgr. 152) etwas spöttisch zu ihm:

> And thou, still happy Academico,
> That still maist rest vpon the Muses' bed,
> Injoying there a quiet slumbering,
> When thou repayrest vnto thy Gruntaes streame,
> Wonder at thine owne blisse, pitty our case,
> That still doe tread ill fortunes endles maze.

Da nun Academico in einer früheren Scene (Pilgr. 98) in holprigen Hexametern spricht, so liegt es am Nächsten an Gabriel Harvey zu denken, den pedantischen Cambridger Gelehrten und Freund Spensers, der sich selbst rühmte Erfinder des englischen Hexameters zu sein und seiner schlechten Hexameter wegen schon von Peele und Nash verspottet worden war. Harvey hatte sich in der That noch 1598 vergeblich um eine Professur beworben (Dictionary of National Biography s. v. Gabriel Harvey). Die litterarische Fehde zwischen Harvey und Nash ist bekannt. —

Noch interessanter als die Besprochenen sind die beiden Hauptpersonen der Trilogie Philomusus und Studioso. Sie werden als unzertrennliche Freunde dargestellt, und bilden so eine Gruppe für sich, die sich mit der Gruppe Ingenioso — Furor — Phantasma zwar vielfach, aber doch nicht enger berührt. Philomusus und Studioso sind gleichfalls Cambridger Studenten. Sie pilgern nach dem Parnass und Helicon, ins Land der Poesie, erleben aber nichts als Enttäuschungen, Demüthigungen und Entbehrungen. Denn Apollo lässt seine Jünger hungern. Aus Noth wird Studioso Hauslehrer bei einem reichen Herrn auf dem Lande, wo er aber schlechter als ein Bedienter und Tagelöhner gehalten wird. Philomusus versieht eine Zeit lang das Amt eines Küsters und Todtengräbers. Dann wandern beide nach Frankreich und Italien. Nach London zurückgekehrt bemühen sich die Freunde abenteuernd auf verschiedene Weise ihren Lebensunterhalt zu verdienen, zunächst als Quacksalber, wobei Philomusus einen französischen Arzt, Studioso seinen Gehülfen darstellt; dann gehen sie als Schauspieler bei Burbage und Kempe in die Lehre, geben aber diese Bemühungen sehr bald auf: danach versuchen sie als wandernde Musikanten ihr Heil; und endlich beschliessen sie Schäfer in Kent zu werden.

Dieses doppelte Lebensbild enthält manche für die Litteratenlaufbahn jener Zeit typische Züge, aber die Combination scheint individuell charakteristisch zu sein. Der satirische Dichter mag in dem einen der beiden Helden bis zu einem gewissen Grade sich selbst geschildert haben; aber im Ganzen ist die Darstellungsweise zu objektiv und ungeschminkt, als dass wir Selbstbekenntnisse voraussetzen könnten.

So übereinstimmend und ähnlich die Schicksale und Charaktere der beiden Freunde auch sind, so hat der Dichter sie doch durch feine Nuancen individualisirt. Studioso ist der bescheidenere und zufriedenere, er erscheint solider, aber auch pedantischer als sein Gefährte, mit einer Neigung zum Puritanismus. Philomusus ist lebenslustig und leichtsinnig, er liebt nicht nur die Musen, sondern auch hübsche Mädchen und einen guten Trunk. Ovid, Catull und Martial sind seine Lieblingsdichter, während sein Freund Cicero vorzieht.

Unser Dichter kann bei der Figur des Philomusus kaum an einen andern als Robert Greene gedacht haben. Dieser hatte ja gleichzeitig mit Marlowe in Cambridge, und zwar gerade im St. John's College, studirt, er war, wie es scheint, eine Zeit lang, Lehrer auf dem Lande, er hatte sich in Frankreich und Italien aufgehalten. Greene hat sich in einer seiner Schriften als Mediziner, ‚student of physic‘, bezeichnet, und erzählt in einer anderen, dass er unter Schauspieler gerathen sei (ob er selbst Schauspieler gewesen, ist zweifelhaft).

Er hatte dann in London von dem Ertrage seiner Feder gelebt, in kümmerlichen Verhältnissen, die zum Theil durch seinen Leichtsinn verschuldet waren. Seine Beziehungen zu Marlowe und Nash sind bekannt. Wüssten wir Genaueres über Greenes Leben, so würde vielleicht noch mancher andere Zug in den Schicksalen des Philomusus Bestätigung erhalten, aber es ist auch möglich, dass der Verfasser der Pilgr. seiner

Phantasie hier etwas freieren Spielraum gegönnt hat. Jedenfalls müssen wir es in einem satirischen Lustspiel begreiflich finden, dass der Dichter über Greenes, wie über Marlowes tragisches Ende einen Schleier wirft.

Philomusus spricht in regelmässigen Blankversen, oder bisweilen in heroischen Versen, und in gewandtem, glattem, mitunter sogar anmuthigem Stil, der den Eindruck macht, als wenn der Dichter Greenes poetische Diction habe copiren wollen. Wenn Studioso, der Freund und Bewunderer des Philomusus, dessen Sprache mit dem linden Hauch des Südwestwinds vergleicht *(the sweet blast of the southwest wind,* Pilgr. 141), so ist dies eine Charakteristik, die auch auf Greenes poetische Sprache, wenigstens da, wo sie am vortheilhaftesten erscheint, zutreffen würde.

Die stichomythischen Gespräche zwischen Philomusus und Studioso, das ‚capping of rimes' erinnert an die Art des Dialogs in Greene's James IV (z. B. III, 3; IV, 4; V, 1). Sonst ist mir diese Manier nur bei Kyd besonders aufgefallen.

Manche Stellen in den Reden des Philomusus scheinen Anklänge an poetische Wendungen, die für Greene charakteristisch sind, zu enthalten z. B.:

>   Pilgr. 27 *Phoebus hath laid his golden tressed locks*
>   *In the moist cabinet of Thetis' lapp.*

Zu vergleichen sind die Verse aus Greene's Menaphon (Dyce 287):

> *How oft have I descending Titan seen*
> *His burning locks couch in the sea-queen's lap*
> *And beauteous Thetis his red body wrap*
> *In watery robes as he her lord had been*

oder Orl. Fur. (Dyce 111) — — *the billows of the ocean-sea*
> *Where Phoebus dips his amber tresses oft*
> *And kisses Thetis in the day's decline*

oder Alph. (Dyce 231) — — *ere the darksome night*
> *Do drive God Phoebus to his Thetis' lap*

Oder   Pilgr. 19 *Wee pilgrims are unto Parnassus hill,*
> *At Hellicon wee meane to drincke our fill*

Pilgr. 7 *Naye, when thou comes to high Parnassus hill*
> *Of Hellicons pure stream drincke thou thy fill*

Vgl. Greene (Dyce) p. 248 *Come let us haste unto Parnassus' hill*

> p. 248 *wander you not far*
> *Forth of the path of high Parnassus' hill*
> p. 226 *let vs bend our steps*
> *Unto the top of high Parnassus hill.*

Die Klagen des Philomusus über sein Missgeschick erinnern bisweilen auffallend an lyrische Dichtungen Greenes; z. B.:

> Pilgr. 65 *Long since I gave a farewell to good haps*
> *Come, colde and scarcitie! for youe have bene*
> *My faithfull bedfelowes this manie a yeare,*
> *And kept mee companie in sorrowe's bedd,*
> *Where care hath chased slumbers quite away.*

Aehnlich beginnt Menaphon's Song in his bed (Dyce p. 288):

> *You restless cares, companions in the night*

und schliesst in jeder Strophe mit dem Refrain:

> *Farewell my hopes, farewell my happy days*
> *Welcome sweet grief, the subject of my lays.*

Philomusus wendet Epitheta an, die für Greenes Stil charakteristisch sind:

> Pilgr. 10 *I like this grassie diapred greene earth* vgl.
> Dyce p. 314 *Meads that erst with green were spread*
> *With choice flowers diapred.*

Gegen Schluss des Stückes (Pilgr. 152) sagt Philomusus:

> *We will be gone vnto the downes of Kent,*
> *Sure footing we shall find in humble dale:*
> *Our fleecy flocke weel learne to watch and warde*
> *In Julyes heate and cold of January:*
> *Weel chant our woes vpon an oaten reede,*
> *Whiles bleating flock vpon their supper feede.*

Etwas vorher schon (S. 150):

> *A shephards life thou knowst I wont to admire,*
> *Turning a Cambridge apple by the fire.*

und noch etwas vorher (S. 148):

> *Why then letts both go spend our little store*
> *In the provision of due furniture:*
> *A shepards hooke, a tarbox and a scrippe,*
> *And hast vnto those sheepe adorned hills* — — —

Hier scheint eine Anspielung auf Greenes bukolische Novellen, besonders Menaphon, vorzuliegen und auf die darin enthaltenen ‚Haferrohr'-Gedichte z. B. Melicertus Description of his Mistress (Dyce, p. 287):

> *Tune on, my pipe, the praises of my love*
> *And midst thy oaten harmony, recount*
> *How fair she is that makes thy music mount*

oder in Melicertus Madrigal (a. a. O. S. 288):

> *What are my sheep without their wonted food?*

oder in Doron's Description of Samela (a. a. O. S. 287):

> *Whiter than be the flocks that straggling feed*

oder in ‚The Mourning Garment' (a. a. O. S. 304):

> *He and she did sit and keep*
> *Flocks of kids and folds of sheep,*
> *He upon his pipe did play*

oder ebenda (S. 309):

> *To flocks again! away the wanton town*
> *Fond pride avaunt! give me the shepherd's hook,*
> *A coat of grey! I'll be a country clown.*

Wenn Philomusus (Pilgr. p. 91) sagt: ‚*let us run through all the lewd formes of lime-twig purloyning villanyes: let us prove Cony-catchers, Bawdes or any thing, so we may rub out — — — —*' so könnten diese Worte wohl eine Anspielung auf Greenes verschiedene Flugschriften, die sich mit ‚Connycatching' beschäftigen, enthalten.

Wenn es sonach wahrscheinlich ist, dass zu der Figur des Philomusus Robert Greene Modell gestanden, wie zu der des Ingenioso Nash und zu der des Furor Poeticus Marlowe, so liegt die Annahme wenigstens sehr nahe, dass auch Studioso, der Freund des Philomusus, keinen erfundenen Charaktertypus, sondern eine wirkliche Person, einen Dichter aus dem Kreise Greene — Nash — Marlowe darstellt.

Einige Spuren scheinen nun darauf hinzuweisen, dass unser Zeichner von litterarischen Charakterköpfen hier dieselbe Person im Auge gehabt hat, wie Nash, als er in der Vorrede zu Greenes Menaphon auf den Dichter des verloren gegangenen Hamlet-Dramas anspielte.

Studioso klagt (Pilgr. 65):

> And is it soe? will fortune nere have done?
> Longe since I thought that shee had left me quite,
> When shee had brought mee to this slaverie,
> But nowe I see shee hath more whipps in store
> To scourge my corps and lash my galled sides.

Diese Worte erinnern an jenes Citat in Armin's Nest of Ninnies: ‚*Ther are, as Hamlet saies, things cald whips in store*‘, welches nicht bei Sh. zu finden ist, daher wohl aus dem verlorenen Ur-Hamlet stammen muss (vgl. Anglia N. F. I, 124). Sie deuten zugleich an, in welchem Zusammenhang die ‚whips‘ dort erwähnt waren.

An einer anderen Stelle (Pilgr. 90) kommt folgendes stichomythische Zwiegespräch zwischen Philomusus und Studioso vor:

> Phil. *Ile scorne the world that scorneth me againe.*
> Stud. *Ile vex the world that workes me so much paine.*
> Phil. *Thy lame reuenging power the world well weenes.*
> Stud. *Flyes haue their spleene, each sylly ant his teenes.*

Es ist auffallend, dass Phil. hier Studioso wegen seiner weltbekannten lahmen Kraft zu rächen neckt, da vorher nie von einer Veranlassung oder Absicht Studiosos sich zu rächen die Rede war.

Noch bemerkenswerther sind die folgenden Worte Studiosos:

> *And yet we grouell on the ground alone,*
> *Running through every trade, yet thriue by none.*
>
> (Pilgr. 97)

Denn sie klingen wörtlich an die bekannte Charakteristik an, welche Nash von dem Dichter des Ur-Hamlet entwirft: — — — — ‚*a sort of shifting companions, that run through every art and thriue by none.*‘

Gegen Schluss des Stückes wiederholt Philom. noch einmal (Pilgr. 150), und zwar gerade als Antwort auf eine Frage von Ingenioso = Nash:

> *We haue run through many trades, yet thriue by none.*

Es ist zu bedenken, dass unser Dichter mit Nash und seinen satirischen Schriften wohl vertraut war, ferner, dass er Greenes Menaphon genau kannte. Er kann also sehr wohl auch die Vorrede zu Greenes Menaphon gekannt haben, besonders, da diese ja eine Epistel an die ‚Herren Studenten‘ der beiden Universitäten ist.

In dem ersten Theil der Pilgr. (p. 20) ist ein etwas gereizter Wortwechsel zwischen Studioso und Ingenioso (= Nash) bemerkenswerth:

Stud. *Come, shall wee haue youre companie on the waye?*
Ingen. *What, I travell to Parnassus? why, I haue burnt my bookes, splitted my pen, rent my papers — — — — etc.* [Es folgt eine längere Auslassung über das Elend des Schriftstellerlebens, die, wie Hales nachgewiesen, z. Th. Reminiscenzen an Nashs Schrift Pierce Penniless enthält.]
Turne home againe, unless youe meane to be vacui viatores, and to curse youre wittless heades in youre oulde age for takiny themselves to no better trades in there youthe.
Stud. *Cease to spende more of thy idle breathe,*
Effecting to divert us from our waye.
I knowe that schollers commonlie be poore,
And that the dull worlde there good parts neglecte.

Diese Stelle scheint zugleich eine Anspielung auf den bekannten satirischen Ausfall Nashs gegen den Verfasser des Ur-Hamlet zu enthalten.

Nash hatte ja dort in ähnlicher Weise jenen ‚unruhigen Gesellen‘ (shifting companions), deren Einer den Ur-Hamlet verfasst haben muss, vorgehalten, dass sie ein besseres Gewerbe (the trade of Noverint), wozu sie geboren wären, aufgegeben hätten, um sich der Dichtkunst zu widmen; er hatte auch über die Armuth jener Dichter gespottet.

Wenn wir nun noch berücksichtigen, dass Studioso als verarmter Student, als Kenner der lateinischen, italienischen und französischen Sprache und Litteratur (Pilgr. 96, 142) dargestellt wird, ähnlich wie der Verfasser des Ur-Hamlet, dass er sich zu den ‚*leane followers*‘ of ‚*coosninge arts*‘ rechnet (Pilgr. 28) ähnlich wie Nash von Seneca's ‚*famished followers*‘ spricht; dass er über das traurige Loos gelehrter Dichter klagt, welche in fruchtlosem Bemühen bei Kerzenlicht über ‚wurmzerfressenen Blättern‘ sitzen, während sie mit den stolzesten Singschwänen vom Po wetteifern könnten (Pilgr. 142), ähnlich wie Nash über das Seneca-Studium bei Kerzenlicht spottet; endlich dass Studioso in dem steifen, sentenzenreichen Stile der akademischen Dramen aus der Schule Senecas redet, so können wir den Gedanken kaum abweisen, dass unter der Maske des Studioso der Dichter des Ur-Hamlet stecken muss.

Dieser Dichter, wer er auch sei, muss in der That ein Altersgenosse und Concurrent von Nash und Greene, er muss mit Nash genau bekannt gewesen sein. Er muss zur Zeit, als Nash jene Epistel schrieb (1589), schon in London gelebt haben. Das Alles stimmt zu der Figur des Studioso.

Die Richtigkeit unserer Identificirung vorausgesetzt, geht nun zunächst mit ziemlicher Sicherheit daraus hervor, dass das alte Hamlet-Drama nicht von Shakespeare selbst verfasst sein kann, wie noch immer einige Litterarhistoriker annehmen. Denn der gelehrte Studioso kann unmöglich Shakespeare sein. Gerade ihm sind ja die bekannten Verse (Pilgr. 143) in den Mund gelegt:

> *Better it is mongst fidlers to be chiefe,*
> *Then at a plaiers trencher bey reliefe.*
> *But ist not strange these mimick apes should prize*
> *Vnhappy Schollers at a hireling rate?*
> *Vile world, that lifts them vp to hye degree,*
> *And treades vs downe in groueling misery.*
> *England affordes those glorious vagabonds,*
> *That carried earst their fardels on their backes,*[1]
> *Coursers to ride on through the gazing streetes,*
> *Sooping it in their glaring Satten sutes,*
> *And pages to attend their maisterships:*
> *With mouthing words that better wits haue framed,*
> *They purchase lands, and now Esquiers are named.*

Die letzten Verse enthalten ja eine deutliche Spitze gegen Shakespeare, der um 1597 Land in Stratford gekauft hatte und 1599 durch Wappenverleihung zum Esquire gemacht worden war.

Shakespeare und Dichtungen Sh.'s werden in unserem Stücke öfters erwähnt oder angedeutet: Venus und Adonis, Lucretia, Richard III, Romeo und Julia, aber vom Hamlet-Drama ist nie im Zusammenhang mit Shakespeare die Rede. Und wenn

---

[1] Vgl. Nashs Vorrede zu Greene's Menaphon (p. 10): *But Tolasso hath forgotten that it was sometime socked, and beggars that ever they carried their fardels on footback; and in truth no marvel, when as the deserved reputation of one Roscius is of force to enrich a rabble of counterfeits.*

Judicio (Pilgr. 87) sein Urtheil über Sh. in die Worte zusammenfasst:

> *Who loues not Adons loue, or Lucrece rape?*
> *His sweeter verse contaynes hart-throbbing line:*
> *Could but a grauer subiect him content,*
> *Without loues foolish lazy languisment?*

so deutet dies wohl auch darauf hin, dass unser Dichter das Hamlet-Drama noch nicht als ein Werk Shakespeares kannte.

Wenn wir nun Recht haben Philomusus auf Robert Greene zu deuten, so liegt es am Nächsten, Studioso, den Busenfreund des Philomusus, mit einem der bekannten Genossen Greenes zu identificiren. Aber weder auf Peele noch auf Lodge, noch überhaupt auf einen der bekannteren Dramendichter jener Zeit, passt das von Studioso entworfene Lebens- und Charakterbild. Wir würden also darauf verzichten müssen das Incognito des alten Hamlet-Dichters zu lüften, wenn nicht die Worte, die Studioso spricht, einen deutlichen Anhalt für die Identificirung gewährten.

In jener Scene wo Philom. und Stud. sich von Burbage und Kempe auf ihre schauspielerischen Talente prüfen lassen (Pilgr. 139), sagt Burbage zu Studioso:

> *M. Stud., I pray you take some part in this booke and act it, that I may see what will fit you best, I thinke your voice would serue for Hieronimo, obserue how I act it and then imitate mee.*

Und Stud. recitirt darauf aus Kyds Spanischer Tragödie die bekannte Stelle:

> Stud. *Who calls Hieronimo from his naked bed?*
> *And etc.*

Dem Umstande, dass hier Stud. Verse von Kyd in den Mund gelegt werden, ist nun allerdings für sich allein kein grosses Gewicht beizumessen, denn bald danach muss Philomusus ebenso den Prolog zu Shakespeares Rich. III recitiren.

Aber auch sonst kommen in den Reden des Studioso merkwürdig oft Anklänge an Kyds Span. Tragödie vor.

Kyd wendet gern die allerdings nicht sehr originelle Metapher von Frühlingsblüthen, die durch einen Frost zerstört sind, an:

Sp. Tr. (7) *Death's winter nipp'd the blossoms of my bliss*
Sp. Tr. (131) *Had Proserpine no pity on thy youth,*
But suffer'd thy fair crimson-colour'd spring
With withered winter to be blasted thus?

Aehnliche Vergleiche kommen mehrfach gerade in den Reden des Studioso vor:

> Pilgr. 17 *And nipte the blossoms of our budding springe*
> Pilgr. 60 *My blooming flowers* — — — —
> *Are now quite nipt with the chillie froste*
> *And blasted by the breath of Boreas.*
> *Thus, thus alas! my winter is now come.*
> Pilgr. 90 *So oft hath winter nipt our trees faire vinde.*

In der Span. Tr. (127) kommt folgende charakteristische Hyperbel vor:

> *O worthy sir, my cause, but slightly known,*
> *May move the hearts of warlike Myrmidons,*
> *And melt the Corsic rocks with ruthful tears.*

Ganz ähnlich sagt Stud. in der Pilgr. 141:

> *Wonder it is, sweet friend, thy pleading breath,*
> *So like the sweet blast of the southwest wind,*
> *Melts not those rockes of yce, those wounds of woe,*
> *Congeald in frozen hearts of men below*

und etwas später (Pilgr. 145):

> *Oh, had this world a tutch of juster griefe,*
> *Hard rocks would weepe for want of our releife*

und noch einmal (Pilgr. 152):

> *Weel teach the murmering brookes in tears to flow:*
> *And steepy rocke to wayle our passed wo.*

Es scheint doch wohl absichtlich zu sein, dass diese Hyperbel dreimal derselben Person in den Mund gelegt wird.

Kyd vergleicht den Selbstmord mit dem verrätherischen Verlassen eines anvertrauten Postens:

> Corn. (202) *Now, as it is not lawful for a man,*
> *At such a king's departure or decease,*
> *To leave the place, and falsify his faith;*
> *So, in this case, we ought not to surrender*
> *That dearer part, till heaven itself command it.*

Denselben Vergleich gebraucht Studioso:

> Pilgr. 126 *Oh no, the sentinell his watch must keepe,*
> *Untill his Lord do lycence him to sleepe.*

Allerdings könnte hier auch eine Reminiscenz an Spenser's F. Queene I, 9 St. XLI vorliegen.

Auch sonst enthalten Studiosos Reden wörtliche Anklänge an bekannte Verse und Lieblingswendungen Kyds:

Pilgr. 142 *But this it is that doth my soule torment*
Sp. Tr. (D.-H. X, 63) *But this, O this torments my labouring soul*
Pilgr. 142 *Beleeue me thou that art my second selfe*
Sp. Tr. (D.-H. V, 49) *No he is as trusty as my second self*
Solim. (D.-H. V. 296) *How fares Perseda, my sweet second self.*
Pilgr. 50 — — *When silie shrubs th' ambitious cedars beate*
Solim. (D.-H. V, 364) *But the shrub is safe, when the cedar shaketh.*
Pilgr. 90 *Sighs are the Chorus in our Tragedy*
Solim. (D.-H. V, 258) *And therefore come I now as fittest person*
To serve for Chorus to this Tragedy
Sp. Tr. (D.-H. V. 19) *Here sit we down to see the mystery*
And serve for Chorus in this Tragedy.

Aber nicht nur in einzelnen Wendungen und Metaphern, sondern in der Diction des Studioso überhaupt zeigt sich das Bestreben, den Stil Kyds zu copiren: den resignirten, larmoyanten Ton, die Vorliebe für Sentenzen, für alliterirende Antithesen, die schwülstig-steifen Vergleiche, die altmodischen Epitheta, die Neigung zur stichomythischen Replik. Wer z. B. die stichomythischen Gespräche zwischen Studioso und Philomusus (Pilgr. 29, 90, 127) mit Stellen in der Sp. Tr. und Corn. (Dodsley-Hazlitt V, 29, 44, 51, 200. 232) vergleicht, wird sich kaum des Gedankens entschlagen können, dass in der Pilgr. die Absicht vorliegt, den Stil Kyds gerade in den Gesprächen Studiosos mit Philomusus nachzuahmen oder zu persifliren.

Nun ist allerdings zu berücksichtigen, dass unsere ganze Trilogie wenigstens in den Versen einen etwas altmodisch-geschraubten Stil aufweist, der an Kyd erinnert. Die Reden des Philomusus' unterscheiden sich im Ton nicht sehr von denen des Studioso. Aber sie zeigen doch nicht, wie die des Studioso, die Neigung zu antithetisch-zugespitzten, alliterirenden Sentenzen, die für Kyds Stil besonders charakteristisch ist. Reminiscenzen an die Sp. Tr. kommen gelegentlich auch in den Reden anderer Personen vor. So sind z. B. die Worte Gullios (Pilgr. 57):

As I am a scholler, these arms of mine are long and strong withall,
Thus elms by vines are compast ere they falle

offenbar ein Citat aus Kyd:

Sp. Tr. (D.-H. V. 52) *Nay, then my arms are and large and strong withal;
Thus elms by vines are compass'd, till they fall.*

Und ebenso stammen aus der Sp. Tr. (D.-H. V, 19) die Worte Gullios

(Pilgr. 75): *Noe hares may pull deade lions by the bearde!*

Eine Rede des Philomusus (Pilgr. 127) enthält vielleicht auch eine Reminiscenz an eine wohlbekannte Stelle aus der Sp. Tr. (D.-H. V, 106) möglicherweise aber vielmehr an eine Stelle von Spenser's Faerie Queene, welche das Vorbild dieser gewesen. — Aber nur in der Rolle des Studioso lässt sich eine ziemlich consequent durchgeführte Nachahmung von Kyds Stil erkennen.

Aus dieser Beobachtung scheint also hervorzugehen, dass **jener Dichter, der als Verfasser des Ur-Hamlet charakterisirt ist, Thomas Kyd war.**

Wir wissen nun leider von Thomas Kyds Leben sehr wenig; aber was, wie oben ausgeführt, sich mit einiger Wahrscheinlichkeit aus seinen Schriften ergiebt, stimmt mit den Schicksalen Studiosos wohl überein. Kyd muss ja ein Altersgenosse von Robert Greene (= Philomusus) gewesen sein. Er hat höchstwahrscheinlich studirt, und zwar in Cambridge. Er kann also sehr wohl dort mit Robert Greene bekannt geworden sein. Manches in Kyds Dichtungen deutet darauf hin, dass er sich gleichfalls in Italien und Frankreich aufgehalten hat. Jedenfalls hat er später (wohl schon um 1588) in London gelebt und ist mit Schauspielern in Verbindung getreten. Dass er ‚bittere Zeiten' durchzumachen hatte, erwähnt Kyd selbst in der Widmung der Cornelia.

Die Andeutungen, welche wir aus Kyds Schriften erhalten und jene, welche die Deutung des ‚Studioso' ergiebt, scheinen sich gegenseitig zu stützen. Freilich dürfen wir nicht Alles in den Schicksalen des Stud. für baare Münze nehmen. Wir müssen die Phantasie des Verfassers der Pilgr. in Rechnung ziehen. Es wäre z. B. voreilig, anzunehmen, dass Thomas Kyd und Robert Greene wirklich eng befreundet waren; aber wir haben gesehen, dass einige litterarische Beziehungen in der That gerade zwischen diesen beiden Dichtern bestehen.

Der Dichter der Pilgr. hat offenbar die Absicht gehabt,

seinem aus Cambridger Studenten bestehenden Auditorium an einigen warnenden Beispielen die Unfruchtbarkeit und Gefährlichkeit der Dichter- und Litteratenlaufbahn zu zeigen, und gleichzeitig die wohlbekannten Charaktere einiger ehemaliger Cantabs vorzuführen. Diese mussten denn natürlich in persönliche Beziehung mit einander gebracht werden, und so lag es nahe, zwei in ihren Bestrebungen und Schicksalen ähnliche Personen zu Freunden zu machen.

Ob Kyd wirklich eine Zeit lang Hauslehrer war, wie aus den Schicksalen des Studioso hervorzugehen scheint, wissen wir nicht. Aber es ist leicht möglich. Das Prunken mit Gelehrsamkeit, namentlich klassischer und fremdsprachlicher, der etwas pedantisch-schulmeisterliche Ton seiner Helden (des Jeronimo besonders), manche pädagogische Wendungen [1]) scheinen darauf hinzudeuten.

Immerhin wird die Annahme, dass in der Figur des Studioso Thomas Kyd gezeichnet ist, eine ziemlich unsichere Hypothese bleiben, so lange nicht mehr Thatsachen aus dem Leben und der dichterischen Thätigkeit Kyds bekannt sind. Besonders wird entscheidend sein, ob sich nachweisen oder widerlegen lässt, dass Thomas Kyd in Cambridge studirt hat.

Aber es ist merkwürdig, dass das Ergebniss dieser Betrachtung mit jener von mehreren Forschern ausgesprochenen und verfochtenen Hypothese übereinstimmt, dass Kyd der Verfasser des Ur-Hamlet sei. Es verlohnt sich daher, der Ur-Hamlet-Frage näher zu treten.

---

[1]) Vgl. z. B. Solim. (Dodsley-Hazlitt V. 261):
Young slips are never graff'd in windy days;
Young scholars never enter'd with the rod.
Jeron. (D.-H. IV, 389): *War knows I am too proud a scholar grown*
Now to be lashed with steel
Jeron. (D.-H. IV, 369): *Horatio, hast thou written leave, bending in the hams*
enough, like a gentleman-usher.
Jeron. (a. a. O. 368): *Art thou a scholar, Don Horatio,*
And canst not aim at figurative speech!

V. DER UR-HAMLET.

Dass schon mehrere Jahre vor der Abfassung des bekannten Shakespeareschen Hamlet-Dramas (von dem die erste sehr mangelhafte Ausgabe ja 1603 im Druck erschien) eine Tragödie von Hamlet vorhanden gewesen und an Londoner Bühnen gespielt worden ist, wird durch zeitgenössische Zeugnisse, die bis in das Jahr 1589 zurückreichen, ausser Zweifel gestellt und ist jetzt auch wohl ganz allgemein als feststehend angenommen.

Es könnte müssig und aussichtslos erscheinen, nach dem Ursprung dieses verloren gegangenen Stückes zu forschen, wenn es sich nicht eben um die Genesis von Shakespeares interessantestem und dunkelstem Schauspiel handelte, und wenn nicht der Indicienbeweis für die Autorschaft des Ur-Hamlet sich sehr überzeugend und fast zwingend führen liesse.

Einige Forscher, z. B. Knight und Elze, nahmen früher an, der Ur-Hamlet sei ein Jugendwerk Shakespeares gewesen, eine Blut- und Rachetragödie im Stil des Titus Andronicus, welche ‚erst durch allmähliche und wiederholte Ueberarbeitung die vollendete Gestalt erhalten habe, in der sie auf die Nachwelt gekommen ist‘ (K. Elze, Shakespeares Hamlet, S. XX). Diese Ansicht ist aber jetzt wohl ziemlich allgemein aufgegeben. Und in der That fehlt dafür nicht nur jeder positive Beweisgrund, sondern es lassen sich auch mehrere sehr gewichtige Gründe dagegen anführen. In keinem der zeitgenössischen Zeugnisse wird vor dem Jahre 1602 die Hamlet-Tragödie in irgend welcher Verbindung mit Shakespeare erwähnt, obwohl doch sonst mehrfach die Autorschaft Shakespeares für andere, zum Theil viel unbedeutendere Dichtungen bezeugt ist. So hat ja 1592 Robert Greene schon auf Shakespeare als Verfasser der Historie von Heinrich VI. angespielt; in Henry Willobie's Avisa (1594) wird Sh. als Verfasser von ‚Lucrece rape' genannt; Francis Meres führte (1598) 6 Lustspiele einzeln an und die Trauerspiele Rich. II., Rich. III., Heinrich IV., König Johann, Titus Andron., Romeo und Julia, ausserdem die Sonette Venus und Adonis und Lucretia; John Weever (1599) hebt neben diesen beiden erzählenden Gedichten Romeo und Richard (III) hervor; in dem Pilgr. to Parnassus (um 1600) werden wiederum, wie wir sahen, Romeo, Richard III., Venus und Adonis und Lucretia als die bekannten Werke Shakespeares erwähnt — aber Niemand scheint um diese Zeit das Hamlet-Drama als ein Werk Shakespeares zu kennen. Namentlich das Fehlen in Francis Meres' Liste ist bedeutsam: man darf sich nicht darauf berufen, dass ja auch Heinrich VI. fehle, denn einmal war diese Trilogie offenbar weniger populär, sodann scheint sie ja auf einer älteren Historie zu beruhen, war also nicht eigentlich eine Originaldichtung Shakespeares. Dass Meres aber eine so berühmte und populäre Tragödie wie den Hamlet (die Popularität wird schon für das ältere Stück durch die mehrfachen Anspielungen bezeugt) vergessen haben sollte zu erwähnen, ist kaum glaublich.

Ausserdem ist zu bedenken, dass der Ur-Hamlet ja spätestens 1588 gedichtet sein muss. Ob Sh. aber im Jahre 1588 überhaupt schon etwas für die Bühne verfasst hatte, ist sehr zweifelhaft; jedenfalls waren seine ersten Versuche unselbständig, Ueberarbeitungen älterer Stücke, während doch im Hamlet-Drama bekanntlich der alte Sagenstoff in sehr freier Weise behandelt ist. Auch hätte er ja (da Benutzung des Saxo Grammaticus ausgeschlossen ist) nach Belleforests Novelle arbeiten müssen, von der es damals noch keine englische Uebersetzung gab. Dass aber der junge, vor Kurzem erst aus dem Landstädtchen Stratford gekommene Bürgerssohn soviel Französisch verstand, um eine französische Novelle lesen zu können, ist ganz unwahrscheinlich; selbst mancher englische Student hat es heutzutage noch nicht soweit gebracht.

Shakespeare scheint sich seine Kenntniss des Französischen erst in späteren Jahren erworben zu haben.¹)

Ferner, wenn wirklich das Hamlet-Drama durch allmähliche Umarbeitung aus einer Jugendarbeit Shakespeares hervorgegangen wäre, sollte man doch erwarten, dass an einigen Stellen wenigstens der Stil noch deutlich an die Jugenddramen, namentlich Titus Andron., erinnerte, und dass die Composition und Darstellungsweise diesem Erstlingswerk noch ähnelte. Aber dies ist nur in sehr geringem Grade der Fall. Im Ganzen zeigt ja das Hamlet-Drama schon in der ersten Redaction (welche in der Quarto von 1603 sehr entstellt und verstümmelt vorliegt ²) den Stil von Shakespeares mittlerer Periode

---

¹) Man vergleiche die zahlreichen französischen Wendungen und Sätze in Heinrich V. mit den spärlichen Brocken in Heinrich VI.

²) Vgl. H. Isaac. Archiv f. n. Spr., Bd. 75, SS. 4, 13, 16, 16, 18, 26, 28, 31, 35 ff., 41. Für die dort vertheidigte und m. E. erwiesene Ansicht, dass die Qu. A. in der That auf einer früheren Redaction von Sh.'s Drama beruht, lässt sich noch besonders folgende Stelle aus Qu. A. (nach Vietors Abdruck) anführen, welche von dem späteren Text ganz abweicht:

IV, 3, 43 (S. 218) Well sonne *Hamlet*, we in care of you: but specially
in tender preseruation of your health,
The which we price euen as our proper selfe,
It is our minde you forthwith goe for *England*,
The winde sits faire, you shall aboorde to night
Lord *Rossencraft* and *Gilderstone* shall goe along with you.

Damit lassen sich die folgenden Worte Heinrichs V. vergleichen:

Henr. 5, II, 2, 12 Now sits the wind fair, and we will aboard
und wenige Verse weiter:

Henr. 5, II, 2, 57 — — — — We'll yet enlarge that man,
Though Cambridge, Scroop and Grey, in their dear care
And tender preseruation of our person,
Would have him punish'd.

Zu beachten ist die übereinstimmende Situation: die heuchlerische Besorgniss und Verrätherei des Königs Claudius und seiner Helfershelfer Rosenkranz und Güldenstern, die bald nachher entdeckt wird — und andererseits die heuchlerische Besorgniss und Verrätherei von Cambridge, Scroop und Grey, die ebenfalls gleich danach entlarvt wird. Die Reminiscenz ist so deutlich wie nur möglich. Jene Verse der Qu. A. müssen also von Sh. selbst (nicht etwa von einem unbekannten Redactor der Qu. A.) herrühren, und sie müssen zu einer Zeit geschrieben sein, als dem

aber nur ganz wenige an solche der frühesten Periode, z. B. Titus Andronicus¹). Die oft hervorgehobenen Aehnlichkeiten zwischen Shakespeares Hamlet und Tit. Andronicus sind im Stoff und im Zeitgeschmack begründet, z. Th. vielleicht auch durch Einwirkung des Ur-Hamlet auf Tit. Andr. zu erklären. Aber die Behandlung des dramatischen Stoffes ist doch sehr verschieden. Die Einheit der Handlung und des Ortes ist in Tit. Andr. weit weniger gewahrt als im Hamlet, welches letztere Drama von Anfang bis zu Ende den Mord von Hamlets Vater zum Mittelpunkte hat und fast ausschliesslich im Schlosse von Helsingör spielt. Im Hamlet ist das Interesse auf wenige Personen concentrirt, Tit. Andr. leidet an Ueberladung mit Figuren. Im Hamlet wird die Katastrophe wesentlich mit durch den Zufall und durch Verwechslungen herbeigeführt, während sie im Tit. Andr. wie in den übrigen Tragödien Shakespeares durchaus durch den bewussten Willen der handelnden Personen bedingt ist. Im Hamlet zeigt sich bei allen Personen fast eine Scheu vor offener Blutthat, im Titus Andronicus

Dichter jene Scene aus Henr. V schon vorschwebte oder noch in lebhafter Erinnerung war, also um 1599. Auch sonst finden sich ja im Hamlet mehrfache Anklänge an Henr. V. (vgl. Anglia N. F. II, 341). Ich erinnere noch an die Worte

Henr. 5, III, 5, 11 — — — — if they march along
    Unfought withal, but I will sell my dukedom
    To buy a slobbery and a dirty farm,

welche an Polonius' bekannte Betheuerung (Haml. II, 2, 167) anklingen. Der Vergleich der Welt mit einem verwilderten Garten (Haml. 1, 2, 35) ist offenbar durch die Schilderung von Frankreich als eines verwilderten Gartens *(this best garden of the world)* in Henr. 5, V, 3, 36 angeregt worden.

¹) Vgl. H. Isaac. a. a. O. S. 278. Mir ist noch aufgefallen:
  Haml. IV, 5 *The ocean, overpeering of his list,*
    Eats not the flats with more impetuous haste
    Than young Laertes, in a riotous head,
    O'erbears your officers.
Aehnlich Tit. Andr. IV, 2, 139:
    The ocean swells not so as Aaron storms.
Dasselbe Bild, noch mehr übereinstimmend ausgeführt:
  Rich. 2, III, 2, 109 *So high above his limits swells the rage*
    Of Bolingbroke, covering your fearful land
    With hard bright steel and hearts harder than steel.

tritt eine Häufung brutaler Racheacte und Greuel zu Tage. Ueberhaupt weicht ja die Darstellungsweise, Charakterzeichnung, Composition des Hamlet-Dramas etwas von Sh.'s sonstiger dramatischer Technik ab und nähert sich mehr als sonst den älteren, steifen, akademischen Dramen, als wenn der dichterische Stoff, bevor er von Shakespeare bearbeitet wurde, durch die Hände eines anderen Dichters gegangen wäre. Das Gewebe der Handlung ist sonst bei Sh. reicher, voller und bunter; die Nebenpersonen treten mehr hervor, die Charaktere sind sonst aus härterem Holz geschnitzt.

Auch die consequente Modernisirung der alten Sage, die auffallende katholische und halb-italienische Färbung, selbst in den Charakteren, die italienischen, lateinischen, griechischen Personennamen sind nicht ganz in Shakespeares Geschmack. Sh. folgt sonst, besonders in seinen Jugenddramen, ziemlich genau seiner Quelle, was den Gang der Handlung betrifft; er wahrt stets wenigstens den Charakter und die Stimmung des dichterischen Stoffes. Im Hamlet-Drama aber müsste er diesem Princip ganz untreu geworden sein, wenn er direkt nach Belleforest gearbeitet hätte. Entweder er müsste gleich von vornherein den Stoff ganz anders gestaltet, oder bei der späteren Bearbeitung ihn wesentlich umgestaltet haben, und zwar in einer Art, die weder seiner früheren noch späteren Compositionsweise recht entspricht.

Endlich sei noch kurz daran erinnert, dass die bekannte Auslassung Nashs in der Vorrede zu Greenes Menaphon gar nicht auf Sh. passt.

Aus mehreren Gründen ist also die Hypothese, dass der Ur-Hamlet von Sh. selbst verfasst sei, ganz unhaltbar. Die meisten Leser werden vielleicht diese eingehende Erörterung und Widerlegung der Knight-Elzeschen Ansicht überflüssig gefunden haben. Es lag mir aber daran, auch die Wenigen, welche, wie z. B. A. Schröer (über Titus Andronicus S. 88), noch geneigt sind, daran festzuhalten, von der Irrigkeit jener Annahme zu überzeugen.

Die Malonesche Hypothese, dass der Ur-Hamlet von Thomas Kyd verfasst sei, ist in neuerer Zeit besonders von Widgery in seiner Preisschrift über die Quarto A des Hamlet (London

1880) wieder aufgenommen, danach von Fleay in seinem Leben Shakespeares (London 1887) als feststehend acceptirt worden und gilt überhaupt wohl den meisten englischen Shakespeare-Forschern als mindestens sehr wahrscheinlich. In Deutschland hat man sich aber bisher noch meist ablehnend dagegen verhalten. wohl hauptsächlich, weil früher Kyd in der That als ein ganz ‚unpersönlicher' Dichter, eine ‚imaginäre Grösse' erschien. Nachdem es aber gelungen ist, seine Persönlichkeit und namentlich seine dichterische Technik etwas schärfer und deutlicher zu erkennen, wird dieser Einwand hinfällig. Es ist jetzt möglich geworden, mit grosser Wahrscheinlichkeit objectiv zu erweisen, was Malone, Widgery u. A. mehr nach subjectivem Gefühl, instinctiv richtig erriethen. Ich selbst habe in früheren Aufsätzen in der Anglia N. F. I den Beweis schon versucht, aber dabei manches Unwesentliche zu sehr hervorgehoben, Anderes von Wichtigkeit zu kurz berührt oder unerwähnt gelassen. Ich gebe daher im Folgenden die (z. Th. schon von Widgery angeführten) Hauptargumente mit einigen Ergänzungen und Berichtigungen noch einmal, da Widgerys Schrift im Buchhandel nicht mehr vorräthig ist.

Fürs Erste ist die oft, aber selten vollständig citirte Stelle aus Nashs Epistel (1589) ins Auge zu fassen; ich führe sie nach der Ausgabe von Greene's Menaphon in Arber's Scholar's Library p. 9 an:

'It is a common practice now-a-days, amongst a sort of shifting companions, that run through every art and thrive by none to leave the trade of noverint, whereto they were born and busie themselves with the endeavors of art, that could scarcely latinise their neck-verse if they should have need: yet English Seneca read by candle-light yeeldes manie good sentences, as bloud is a begger, and so foorth: and if you intreate him in a frostie morning, he will affoord you whole Hamlets, I should say handfulls of tragical speaches. But o griefe! tempus edax rerum; what's that will last alwaies? — The sea exhaled by droppes will in continuance be drie, and Seneca let bloud line by line, and page by page, at length must needes die to our stage: which makes his famisht followers to imitate the Kidde in *Aesop*, who enamored with the Foxes newfangles, forsooke all hopes of life to leape into a new occupation; and these men renowncing all possibilities of credit or estimation, to intermeddle with Italian translations: wherein how poorelie they haue plodded, (as those that are neither prouenzall men, nor are able to distinguish of Articles,) let all indifferent Gentlemen that haue travailed in that tongue, discerne by their twopenie pamphlets; and no mermaile though their home-born mediocritie be such in this matter; for what can be hoped of those, that thrust *Elisium* into hell, and haue not learned so long as they haue lined in the spheares, the iust measure of the Horizon without an hexameter. Sufficeth them to bodge vp a blanke verse with ifs and ands, and other while for recreation after their candle stuffe, hauing starched their beardes most curiouslie, to make a peripateticall path into the inner parts of the Citie, and spend two howers in turning ouer French *Doudie*, where they attract more infection in one minute than they can do eloquence all dayes of their life, by conuersing with anie Authors of like argument.'

Wenn auch Manches in diesen Anspielungen dunkel ist und vielleicht immer dunkel bleiben wird, so geht doch soviel zunächst mit ziemlicher Sicherheit daraus hervor, dass sie sich nicht auf mehrere, sondern auf eine einzige Person beziehen; denn es ist eine ganz einheitliche und individuell bestimmte Charakterzeichnung, die darin entworfen wird. Aehnlich spricht Nash in derselben Epistel von 'idiot art masters' und 'vain-glorious tragedians' und meint damit nur Christopher Marlowe; der Plural dient nur zur Verhüllung des persönlichen Angriffs. Ferner leuchtet ein, dass nur ein Tragödiendichter gemeint sein kann, welcher litterarischen Kreisen, insbesondere den 'Herren Studenten' in Cambridge und Oxford, an welche jene Epistel gerichtet ist, schon bekannt war. Nun passt aber der satirische Ausfall, wie schon Widgery hervorgehoben, sehr gut auf Thomas Kyd, und nur auf diesen. Zunächst scheint schon der Vergleich mit dem Zicklein (Kidde) einer Aesopischen Fabel, welches sich in die neumodische Tracht des Fuchses verliebt, eine Anspielung auf den Namen des Dichters zu enthalten.[1]) Ferner trifft es zu, dass jener Dichter zum Beruf des 'Noverint' geboren war, denn Thomas Kyds Vater war ja, wie wir gesehen haben, Notar, also einer, der solche mit 'Noverint universi' beginnende Urkunden ab-

---

[1]) Um so mehr als diese Fabel eine freie Variation Nashs ist. Keine der Aesopischen Fabeln, in welcher ein Zicklein oder Bock vorkommt, hat einen ähnlichen Inhalt; wohl aber ist in einer derselben (Fabulae Aesopicae edd. Camerarius p. 221, vgl. Phaedri Fabularum Aesopiarum libri quinque edd. Luc. Mueller p. 68) von einem Affen die Rede, welcher den Fuchs wegen seines schmucken Felles und seines schönen Schwanzes beneidet. Nash hat also offenbar statt des Affen das Zicklein in die Fabel hinein escamotirt, um ein Wortspiel auf Kyd zu gewinnen.

fasste; ob er selbst diesen Beruf erwählt und nachher aufgegeben hatte, wissen wir nicht, können es aber wegen der Vorliebe für Process-Scenen und einiger juristischer Kunstausdrücke, wie 'ejectio firma', 'sub forma pauperis', vermuthen. Die Anspielung auf die Armuth des Dichters stimmt gleichfalls, ist aber nicht besonders charakteristisch.

Es wird ferner auf die Beschäftigung mit französischen und italienischen Uebersetzungen angespielt. In der Sp. Tr. kommen mehrfach italienische Citate vor, sowie ein Hinweis auf die Aufführungen italienischer Schauspieler (S. 152). Aus diesen Gründen und wegen der meist italienischen oder italienisch klingenden Eigennamen der Sp. Tr. könnte man versucht sein eine italienische Quelle anzunehmen. Unzweifelhaft aber ist, dass Kyd Garniers Cornélie aus dem Französischen ins Englische übersetzt hat; das französische 'Weibsbild' dürfte auf eben dies Drama gemünzt sein, welches freilich erst 1594 im Druck erschien, aber doch schon einige Jahre vorher verfasst sein kann.

Ein sehr treffender Hieb ist es auch, wenn auf die Manier, den Blankvers mit 'ifs' und 'ands' auszuflicken, hingewiesen wird. Man vergleiche z. B.:

Sp. Tr. 42 *And with that sword he fiercely waged war,*
And in that war he gave me dangerous wounds,
And by those wounds he forced me to yield,
And by my yielding I became his slave.

Sp. Tr. 129 *If love's effects so strive in lesser things,*
If love enforce such moods in meaner wits,
If love express such power in poor estates ..

Namentlich aber trifft auf Kyd zu, dass der Verfasser des Ur-Hamlet als Nachahmer Senecas charakterisirt ist. Bei der Cornelia, die ganz im Stile Senecas gehalten ist, kann man freilich die Nachahmung nur als indirekt, durch Garnier vermittelt bezeichnen. Aber auch die Sp. Tr. zeigt fast auf jeder Seite den Einfluss Senecas. Der Eingang ist der ersten Scene von Senecas Thyestes nachgebildet: Andreas Geist und die Rachegöttin entsprechen dem Geist des Tantalus und der Megaera. Der Satz (S. 9): '*Where .. poor Ixion turnt an endless wheel*' erinnert an den Vers Senecas aus Agamemnon, welcher in der englischen Uebersetzung von 1581 (141 a) so wiedergegeben ist: *Where Ixion's Carkasse linked fast, the whirling wheele doth racke.* Im ersten Akt von Senecas Agamemnon kommt eine Stelle vor, welche in der alten englischen Uebersetzung (1581) folgendermassen lautet (142 a):

> *O how doth Fortune tosse and tomble in her wheele*
> *The staggring states of Kynges, that readdy bee to reele!*
> *Fayne woulde they dreaded bee, and yet not setled so*
> *When as they feared are, they feare and lyue in woe.*

Dieser Gedanke ist in der Sp. Tr. (S. 61) mit wörtlichem Anklang so ausgedrückt:

> *Infortunate condition of kings...*
> *... ever subject to the wheele of chance*
> *... So striveth not the waves with sundry winds,*
> *As fortune toyleth in the affaires of Kings*
> *That would be fear'd, yet feare to be beloved.*

Auch lateinische Citate aus Seneca fehlen nicht:

Oedipus v. 515:
> *Iners malorum remedium ignorantia.*

Vgl. Sp. Tr. (Dodsley V, 123):
> *For ignorance I wot, and well they know,*
> *Remedium malorum iners est.*

Sp. Tr. 123. *Per scelus semper tutum est sceleribus iter* aus Senecas Agam. 116 [1]).

Octavia 449: *vindicta debetur mihi*
Vgl. Sp. Tr. (Dodsley V, 123): *Vindicta mihi —*

Die 'Corsik rocks' (V, 127) erinnern an die 'Corsici rupes maris' in der Octavia 382. Bald danach (V, 129) folgt eine Reminiscenz an Her. Fur., Akt III. Scenen aus dem Tartarus sind bei Kyd, wie bei Seneca beliebt; es ist auch ganz zutreffend, wenn Nash dem ungenannten Dichter vorwirft, er habe das Elysium in die Hölle versetzt: Kyd gebraucht den Ausdruck *Elysian shades, Elysian plains, Elysian green* mit besonderer Vorliebe und vermengt das Elysium sowohl mit dem Tartarus wie mit der christlichen Hölle (z. B. in der Sp. Tr. [V, 9] und in der Corn. [V, 200]).

Dass auch der Ur-Hamlet von dem Tragödienstil Senecas stark beeinflusst war, geht schon aus der Einführung des

---

[1]) Worauf auch Schick im Archiv f. n. Spr. 87, 301 hinweist.

rachedürstenden Geistes hervor.¹) Auch der Prolog des deutschen Hamlet, in dem Hecate und die Furien auftreten, stimmt vollständig zu diesem Charakter. In Shakespeares Bearbeitung ist der Einfluss der Senecatragödien nicht mehr so deutlich; aber der Schatten des römischen Philosophen und Dichters schwebt doch noch über dem Drama. Composition und Charakterzeichnung verrathen den Ursprung zum Theil noch. Wir finden im Hamlet die gewöhnlichen dramatischen Motive der antiken Tragödie, insbesondere derjenigen Senecas: Brudermord, Ehebruch, Erscheinung des zur Rache mahnenden Geistes, Collision der Rachepflicht mit anderen Pflichten, Wahnsinn und Selbstmord der verlassenen Geliebten, Aufstand des Volkes, geheuchelte Versöhnung und hinterlistige Rache. Die Charaktere könnten zum Theil Senecas Agamemnon nachgebildet sein. Schon die Sage musste an Agamemnons Ermordung und Orestes' Rache erinnern: der alte Hamlet entspricht Agamemnon, Königin Gertrud der Clytaemnestra, Claudius dem Aegisthus. Horatio ist gleichsam der Pylades Hamlets. Hamlet selbst ist freilich kein Orestes, aber seine Geisteszerrüttung erinnert an die des antiken Vaterrächers. Die Gedankenblässe, von der der Held angekränkelt ist, die Selbstmordgedanken, die Klagen über die Pfeile der ungerechten Göttin Fortuna scheinen aus der Schule des Philosophen Seneca zu stammen, ebenso wie der Mangel an Initiative und die Vorliebe für lange, pathetische Reden und Monologe, welche fast allen Hauptpersonen des Dramas eigen ist — sehr zum Unterschiede von anderen Dramen Shakespeares. — Nun würde die Nachahmung Senecas bei einem akademischen Drama nichts Auffälliges sein; aber der Ur-Hamlet war ja, wie die Sp. Tr., ein Schauspiel der Volksbühne, und bei solchen war sonst der Einfluss der Seneca-Tragödien nur gering. Weder Greene, noch Peele, noch Lodge, noch Marlowe sind als eigentliche Nachahmer Senecas zu bezeichnen, wenngleich sie natürlich der Einwirkung sich nicht ganz entziehen konnten;²) noch weniger kann man dies von

---

¹) Welcher schon für den Ur-Hamlet bezeugt ist. Lodge, Wit's Miserie 1595.
²) Vgl. Al. Brandl in den Gött. Gel. Anz. 1891, S. 720 ff., wo auf einige Motive, die Marlowe möglicherweise Seneca entlehnt hat, hingewiesen ist.

dem ungelehrten Sh. behaupten, der Senecas Tragödien wohl nur ganz oberflächlich gekannt haben wird. Jedenfalls war Kyd unter den Playwrights der Volksbühne derjenige, der Seneca am Besten studirt und am meisten nachgeahmt hatte.

Also schon Thomas Nashs Aeusserungen weisen (noch deutlicher als die satirischen Anspielungen des Pilgr. to Parn.) auf Kyd als Verfasser des Ur-Hamlet hin. Die Hypothese wird aber noch gestützt durch die auffallende Familienähnlichkeit, welche zwischen Kyds erhaltenen Dramen und Shakespeares Hamlet besteht.

Dass Sh. das ältere Stück gekannt und benutzt, ja an einigen Stellen sogar mit wörtlicher Anlehnung benutzt hat, wird durch die Combination folgender Thatsachen äusserst wahrscheinlich, ja fast zur Gewissheit erhoben:

1) Es steht fest, dass der Ur-Hamlet auf der Schaubühne von Newington Butts 1594 und im ‚Theater‘ gegen 1596 aufgeführt wurde, um dieselbe Zeit, als die Schauspieler des Lord-Kämmerers dort spielten.
2) Die Erscheinung des rachemahnenden Geistes, von welcher bei Belleforest nicht die Rede ist, wird schon für den Ur-Hamlet durch eine Anspielung bezeugt.
3) Der Stil von Sh.'s Hamlet ist (besonders in der ersten Quarto) an einigen Stellen merkwürdig steif, hölzern, altmodisch und unshakespearisch (vgl. W. G. Clarks und W. A. Wrights Vorrede zur Clarendon Press Ed. des Hamlet 1884 p. X). Es fällt z. B. der mehrfache Gebrauch vollgemessener Verbalformen wie *turneth* (IV, 7, 20), *singeth* (I, 1, 160), *posteth* (I. 5, 68 nur in Qu. A.), *didest* (IV, 7, 58) auf; ferner mehrere Infinitive mit *for to*; altmodische Wörter und Wortverbindungen wie *'anchor'* = *hermite*, *'nymph'* für *'lady'*, *'rede'*, *'hapless'*, *'content yourself'*, *'absent thee'*, *'immortal powers'*, welche Sh. theils überhaupt nicht anwendet, theils sonst wenigstens in seinen reiferen Dichtungen vermeidet. Auch die häufigen Reime sind bemerkenswerth.

Es kann also aus Sh.'s Hamlet, besonders aus Qu. A., bis zu einem gewissen Grade auf die Beschaffenheit der Vorlage geschlossen werden.

Kyds Spanische Tragödie besonders ist nun, wie bekannt, in Bezug auf dramatische Motive, Charaktere, Composition ein Pendant zum Hamlet. Blutrache ist das übereinstimmende Leitmotiv der beiden Dramen: umgekehrt wie im Hamlet, hat in der Sp. Tr. ein Vater seinen ermordeten Sohn zu rächen;

auch in der Sp. Tr. schiebt der zur Blutrache Verpflichtete die Ausführung hinaus, schilt sich wegen seiner Unentschlossenheit, und wird von Andern deswegen getadelt; auch dort stellt der Rächer sich schwachsinnig, verfällt aber dabei in eine Geistesstörung, die an Irrsinn grenzt; wie im Hamlet heuchelt er seinen Feinden gegenüber eine versöhnliche, ja sogar lustige Stimmung: der ironisch-sarkastische Ton ähnelt dem Hamlets. Auch der Rächer der Sp. Tr., Hieronimo, wird als ein gelehrter, bühnenverständiger Mann dargestellt und führt durch ein von ihm in Scene gesetztes Schauspiel die Katastrophe herbei, freilich in ganz anderer Weise. Aehnlich wie im Hamlet die Tochter des ermordeten Polonius, so wird in der Sp. Tr. die Mutter des ermordeten Horatio wahnsinnig und bringt sich um. Wie im Hamlet, so tritt auch in der Sp. Tr. ein zur Rache mahnender Geist wiederholt auf, der ebenso geschwätzig ist und ebenso ungeduldig auf die Ausführung des Rachewerks wartet. Zu den Charakteren des Polonius, Laertes, Horatio und der Ophelia bietet die Sp. Tr. (mit ihrem Vorspiel) ähnliche, nur natürlich weniger fein gezeichnete Gegenbilder.

Im Jeronimo-Vorspiel ist die Figur des alten Marschalls ganz ähnlich gezeichnet, wie die des Polonius. Auch Jeronimo ist der loyale, langbewährte, in hoher Gunst stehende Diener seines Fürsten, der ‚Hofbiedermann‘ (offenbar aus dem Typus des getreuen Rathgebers in den Seneca-Tragödien entwickelt); aber auch er ist dabei ein wenig als komischer Alter gezeichnet; auch er rühmt sich seiner Schlauheit und giebt seinem Sohn und Anderen gute Lehren über diplomatische Kunst und feines Benehmen. Der Charakter seines Sohnes Horatio lässt sich mit der gleichnamigen Person im Hamlet vergleichen: er ist der treue Freund des Helden (Andrea), der sich nur mit Mühe zurückhalten lässt, ihm in den Tod zu folgen. Die erste Scene des Jeronimo-Vorspiels, in welcher der König von Spanien sich gegen seinen getreuen Marschall und dessen Sohn Horatio huldvoll erweist und einen Gesandten, der in Portugal ein Ultimatum stellen soll, entlässt, während Lorenzo, der Neffe des Königs, unzufrieden bei Seite steht und seinem Groll zuletzt in einem Monologe Luft macht — ist im scenischen Arrangement und in der Gruppirung der Personen auffallend ähnlich der zweiten Scene des Hamlet. Die zweite Scene des Jeron. wiederum bietet ein Gegenstück zur dritten des Hamlet; denn wie dort ein Bruder von seiner Schwester, so nimmt hier ein Liebender von seiner Geliebten vor einer grösseren Seereise zärtlichen Abschied; und die letzten Worte klingen sogar merkwürdig ähnlich:

Jeron. (D.-H. IV, 356) Bellimp. *Farewell, my lord,*
Be mindful of my love and of your word.
And. *'T is fixed upon my heart*
Haml. (I, 3. 84) Laer. *Fare well, Ophelia and remember well*
What I have said to you.
Oph. *'T is in my memory lock'd*
(Qu. A. *It is already lock't within my hart*).

Ueberhaupt ist im Hamlet ganz ähnlich wie in „Jeronimo" die Liebesgeschichte in eine Haupt- und Staatsaktion verflochten; in dem einen Schauspiel droht ein Krieg zwischen Dänemark und Norwegen, im andern zwischen Spanien und Portugal; Gesandte werden herüber- und hinübergeschickt. — Die Tragödie von Solim. steht weniger nahe, bietet aber doch auch einige interessante Vergleichungspunkte. Soliman preist die Reize der Perseda mit ganz ähnlichen mythologischen Vergleichen, wie Hamlet die männliche Schönheit seines Vaters rühmt:

Sol. 333 *Fair locks (Edd. looks) resembling Phoebus' radiant beams,*
Smooth forehead like the table of high Jove
Haml. III, 4, 56 *Hyperion's curls; the front of Jove himself.*

Soliman lässt Erastus ebenso heimtückisch-grausam umbringen, wie es König Claudius mit Hamlet im Sinne hatte. Solimans Feldherr Brusor, welcher an Erastus den Uriasauftrag Solimans übermittelt, der zu Erastus' Ermordung führt, sagt:

So it is, my lord, that upon great affairs
Importing[1] health and wealth of Soliman,
His highness by me entreateth you,
As ever you respect his future love,
Or have regard unto his courtesy,
To come yourself in person, and visit him,
Without inquiry what should be the cause

Damit vergleiche man den Inhalt von Hamlets Uriasbrief (Haml. V, 2, 19):

---
[1] Importuning Ausgg.

> — — *an exact command,*
> *Larded with many several sorts of reasons*
> *Importing Denmarks health and England's too,*
> *— — That, on the supervise, no leisure bated,*
> *— — My head should be struck off.*

Und weiterhin V, 2, 39:

> *As England was his faithful tributary,*
> *As love between them like the palm might flourish,*
> *— — That, on the view and knowing of these contents,*
> *Without debatement further — — — —*
> *He should the bearers put to sudden death*

Die Katastrophe wird auch in Solim. durch Zweikampf und Vergiftung herbeigeführt. Vergiftung der Degenspitze bei einem Zweikampfe wird an einer früheren Stelle (Sol. 264) erwähnt:

> *In Italy I put my knighthood on,*
> *Where in my shirt but with a single rapier*
> *I combated a Roman much renown'd,*
> *His weapon's point empoison'd for my bane,*
> *And yet my stars did bode my victory.*

Die Art, wie die Originalnovelle in Sol. verarbeitet ist, erinnert, wie bemerkt, sehr an das Verhältniss der Hamlet-Tragödie zu der Novelle des Belleforest. Uebereinstimmend mit der dramatischen Technik Kyds ist auch die Hamlet-Sage in eine Intriguentragödie verwandelt; und die Katastrophe ist ähnlich spitzfindig ausgeklügelt. Alle oben erwähnten Punkte in der Composition des Hamlet, welche einen fremdartigen Ursprung verrathen, stimmen überhaupt zur Manier Kyds.

Ja sogar der Stil der Hamlet-Tragödie erinnert namentlich in der ersten Bearbeitung (Quarto A.) an einigen Stellen auffallend an den Stil Kyds. Besonders gilt dies von dem Schauspiel im Schauspiel (vgl. Anglia XII, 150); aber auch z. B. von den Scenen, in welchen der Geist von Hamlets Vater erscheint. Man könnte sich denken, dass hier Sh. die steife, geschraubte Redeweise der Personen absichtlich ziemlich unverändert beibehalten hat. — Sonst hebe ich noch hervor:

Sp. Tr. (Dodsley-Hazlitt) V. 55:

> Isab. *O wheres the author of this endles woe?*
> Hieron. *To know the author were some ease of greefe,*
>   *For in reuenge my hart would finde releefe.*

Haml. Qu. A. sc. XV, l. 54 (Vietor S. 262):
Reuenge it is must yeeld this heart releefe,
For woe begets woe, and griefe hangs on griefe.

Sp. Tr. (Dodsley-Hazlitt) V, 146:
  Bell' Imp. *Hieronimo, I will consent, conceale,*
             And ought, that may effect for thine availe,
             Joyne with thee to revenge Horatioes death.
  Hieron. *On, then; whatsoever I devise,*
           Let me entreat you, grace my practices.
Haml. Qu. A. sc. XI. l. 106 (Vietor S. 208):
    I will conceale, consent and doe my best,
    What stratagem soere thou shalt devise.

Diese unleugbaren und auffallenden Uebereinstimmungen in der Composition, Charakterzeichnung und im Stil werden nun von denen, welchen die nabeliegende Annahme, dass der Ur-Hamlet von Kyd herrühre, als ‚zu weitgehend' erscheint, wieder mit dem beliebten Ausweg der Nachahmung eines Dichters durch einen anderen erklärt. Sh. soll im Hamlet nur Kyds Manier, die er aus der Sp. Tr. kennen gelernt hatte, nachgeahmt, Kyds dramatische Motive benutzt haben, während der Ur-Hamlet von einem andern Dichter herrühre. Dass Sh. Kyds Dramen, nicht nur die Sp. Tr., sondern auch Sol. und Pers., genau gekannt hat, steht fest; ebenso dass er gelegentlich eine poetische Wendung oder ein Motiv von Kyd entlehnt hat. Sh. hat sich, namentlich in seinen Jugenddramen, an Kyds Stil ebenso, und vielleicht noch mehr als an dem Marlowes gebildet; aber schon im Tit. Andronicus, welche Tragödie man vielleicht am ehesten als in Nachahmung von Kyds Stil verfasst bezeichnen kann, steht er doch der Sp. Tr. schon ziemlich selbständig gegenüber. Dass er aber um 1600 auf der Höhe seiner Kunst und seines Ruhmes die Manier eines inferioren und schon altmodisch gewordenen Dramendichters systematisch und minutiös nachgeahmt haben sollte, ist mit Allem, was wir von Sh.'s dichterischem Schaffen wissen, unvereinbar und ganz unglaublich. Andererseits wissen wir aber, dass Sh. sich gar nicht scheute, ältere Dramen umzuarbeiten, dass er gelegentlich ganze Scenen nur mit Paraphrasirung des Dialogs beibehielt, dass er seinen Quellen bisweilen mit wörtlicher Anlehnung folgte. Und von Kyd wiederum wissen wir, dass er gern nicht nur gewisse dramatische Motive, sondern auch bestimmte Wendungen wiederholt gebrauchte.

An die Stelle eines ganz einfachen und gewöhnlichen litterarhistorischen Zusammenhangs setzt die Nachahmungshypothese ein durchaus abnormes und complicirtes Abhängigkeitsverhältniss. Auch lässt sie die merkwürdigen Anspielungen in Nashs Epistel unerklärt, ebenso den unläugbaren Zusammenhang, der schon zwischen dem Ur-Hamlet und der Sp. Tr., sowie dem Jeronimo-Vorspiel bestanden haben muss. Selbst Brandl erkennt jetzt diesen Zusammenhang an und hat sehr scharfsinnig noch auf einige Beziehungen zwischen jenen Dramen und auf mehrere Punkte hingewiesen, welche nach seiner Ansicht die Priorität des Ur-Hamlet gegenüber der Sp. Tr. darthun (Gött. Gel. Anz. 1891 S. 725). Er versucht aber den Zusammenhang wieder durch eine Nachahmungshypothese zu erklären. Kyd soll durch das Werk eines andern Dichters so stark beeinflusst worden sein, dass man nach Brandl mit Hülfe der Sp. Tr. sogar den Inhalt des Ur-Hamlet reconstruiren kann. Wir hätten also hier nach Brandl den ganz merkwürdigen Fall, dass ein Drama eines vollständig unbekannten Dichters (der aber doch bedeutend genug gewesen sein muss, um Nashs Neid und Satire herauszufordern) zunächst von einem immerhin bedeutenden Dramatiker sklavisch nachgeahmt, sodann von dem grössten Schauspieldichter aller Völker und Zeiten neubearbeitet wurde, und dass bei dieser Neubearbeitung der grosse Dichter wieder zufällig die Compositionsweise und den Stil gerade jenes Dramatikers zweiten Ranges nachahmte. Wie unwahrscheinlich ein solches Verhältniss ist, braucht doch kaum auseinandergesetzt zu werden. Ausserdem stösst Brandls Hypothese auf chronologische Schwierigkeiten.

Allerdings scheinen, worauf ich selbst früher hingewiesen, einige Uebereinstimmungen zwischen Hamlet und der Sp. Tr. sich am besten so zu erklären, wenn man annimmt, dass die betreffenden Züge aus dem Ur-Hamlet in die Sp. Tr. übertragen wurden: so das Auftreten von Andreas Geist als Prolog, der Wahnsinn Hieronimos. Aber das erstere Motiv ist, wie oben ausgeführt, höchst wahrscheinlich erst nachträglich bei der zweiten Bearbeitung in die Sp. Tr. hineingekommen, und ebenso dürften die Wahnsinnscenen auf späterer Umarbeitung beruhen, besonders da hier Reminiscenzen an die ersten 3 Bücher von Spensers F. Qu., die 1590 erschienen, verwerthet zu sein scheinen (vgl. oben S. 53). Ein Gleiches lässt sich bei den anderen von Brandl für seine Ansicht geltend gemachten Zügen annehmen.

Bei mehreren anderen Uebereinstimmungen aber dürfte eher das umgekehrte Verhältniss vorliegen: Beeinflussung des Hamlet, und wohl schon des Ur-Hamlet durch die Sp. Tr., oder besser gesagt, durch das alte Jeronimo-Schauspiel. So möchte ich meinen, dass die Figuren des Horatio (= span. Horacio) des Polonius (Corambus, -is), des Laertes, der Ophelia gleichsam aus dem Jeron. in den Ur-H. hineinversetzt, oder wenigstens durch die entsprechenden des Jeron. stark beeinflusst sind, da in der Novelle Belleforests die Gestalten dieser Personen nur in den dürftigsten Umrissen oder gar nicht vorhanden waren. Ueberhaupt scheint mir die halb-romanische und halb-katholische Färbung des Haml. durch Jeron. veranlasst.

Wenn man also aus so unsicheren Vermuthungen einen Schluss ziehen darf, ist es doch höchstens der, dass die Sp. Tr. in der zweiten Bearbeitung nach dem Ur-Hamlet abgefasst ist, eine Annahme, zu der uns oben andere Erwägungen auch führten.

Nun war im Jahre 1589, als Greenes Menaphon erschien, der Hamlet offenbar ein ziemlich neues Stück, wie aus Nashs Anspielung hervorgeht.

Es wird wohl ziemlich allgemein, und gewiss mit Recht angenommen, dass die Abfassung des Ur-Hamlet erst durch den Besuch der 5—6 englischen Schauspieler in Helsingör im Jahre 1586 angeregt wurde.[1]) Wir wissen ja freilich nicht, ob die Namen Helsingör (Elsenowre), Rosencrantz und Guildenstern, welche auf Bekanntschaft mit modernen dänischen Ver-

---

[1]) In neuerer Zeit (Zs. f. d. A. XXXVI, 24) ist sogar von Detter (hauptsächlich wegen des Namens Gertrude) angenommen worden, dass jene englischen Komödianten den Hamlet-Stoff mitbrachten, den sie während ihres Aufenthalts in Dänemark durch mündliche Mittheilung kennen gelernt hätten. Ich kann diese Auffassung nicht theilen, da mehrere Züge des Dramas deutlich zeigen, dass der Stoff durch Belleforests novellistische Bearbeitung hindurchgegangen sein muss.

hältnissen deuten, schon im Ur-Hamlet vorkommen, aber es ist doch einigermassen wahrscheinlich; und das Motiv des Schauspiels im Stücke, welches nach der Uebereinstimmung mit der Sp. Tr. und mit Tit. Andr. zu schliessen, gewiss schon im Ur-H. enthalten war, dürfte doch wohl eine Erinnerung an jenes Gastspiel am Hofe zu Helsingör darstellen, um so mehr als ja noch in Sh.'s Neubearbeitung der Stil des eingelegten Schauspiels auffallend altmodisch ist.

Nun hatten sich aber jene englischen Schauspieler (Stephens, Bryan, King, Pope, Percy, Kempe) bis zum Hochsommer 1587 auf dem Continent aufgehalten, zuletzt in Dresden, von wo sie um den 17. Juli 1587 abgezogen sein müssen (Bolte, Sh.-Jahrb. XXIII, 103): sie können erst im Herbst dieses Jahres in London wieder eingetroffen sein. Wenn wir nun nicht geradezu annehmen wollen, dass der Ur-H. von einem jener ‚Instrumentisten und Springer' verfasst sei (etwa von dem Komiker und Morris-Tänzer Kempe??), müssten wir demnach die Abfassung des Ur-Hamlet frühestens Ende des Jahres 1587, die Aufführung frühestens 1588 ansetzen.

Noch eine andere Erwägung führt zu einer übereinstimmenden Datirung. Im September 1588 starb Leicester, der einflussreiche Günstling der Königin Elisabeth. Er soll das Urbild des Claudius im Hamlet gewesen sein. Er hatte mit der Gräfin Essex, der Mutter des unglücklichen Robert Essex, noch zu Lebzeiten ihres Gatten in vertrauten Beziehungen gestanden, und sich bald nach dem 1576 erfolgten Tode des Grafen Essex mit ihr vermählt. Im Volke war das Gerücht verbreitet, dass Essex an Gift gestorben und Leicester der Mörder sei (vgl. Lucy Aikin, Memoirs of the Court of Elizabeth II, 50).

Von solchen Gerüchten müssen jene Schauspieler, welche in Diensten des Grafen Leicester standen, auch Kenntniss gehabt haben. Es mag nun zu weit gegangen sein, wenn H. Isaac im Sh.-Jahrb. XVI, 274 ff. annimmt, dass König Claudius, Königin Gertrud, der ältere und der jüngere Hamlet im Drama nach den wirklichen Personen des Grafen Leicester, der Gräfin Essex, des älteren und des jüngeren Grafen Essex porträtähnlich gezeichnet seien: aber die Uebereinstimmung jener

Thatsachen und Gerüchte mit den in der Hamlet-Novelle des Belleforest und in der Fabel des Hamlet-Dramas enthaltenen springt in die Augen. Es ist kaum glaublich, dass Londoner Schauspieler, noch dazu solche, die in Diensten des Grafen Leicester standen, gewagt haben würden vor dem Tode Leicesters ein Drama aufzuführen, welches in so bedenklicher Weise an die dunkelsten Punkte seines Lebens erinnerte.

Wohl aber mochte durch den Tod des mehr gefürchteten, als geachteten und geliebten Höflings die Erinnerung an jene Ereignisse aufgefrischt werden, die dunklen Gerüchte konnten sich jetzt eher hervorwagen, und die Fabel des Hamlet-Dramas erhielt so ein besonderes, actuelles Interesse.

Ueberhaupt ist es interessant zu beobachten, wie gerade im Jahre 1588 mehrere Ereignisse und Umstände zusammentrafen, welche zur Dramatisirung der dänischen Amlethus-Sage anregten, die Gestaltung des Stoffes nach der in Sh.'s Drama eingeschlagenen Richtung beeinflussten und schon dem Ur-Hamlet eine gewisse Popularität verschafft haben müssen.

Zunächst (April 1588) der Tod eines Königs von Dänemark, Friedrichs II., desselben Herrschers, der wenige Jahre zuvor die englischen Komödianten in Dienst genommen hatte; bald danach die Werbung Jakobs VI. von Schottland, des englischen Thronerben, um die Hand einer dänischen Prinzessin, eine Werbung, welche im Sommer 1589 zur Vermählung führte. In jener Zeit konnte der junge König von Schottland allerdings mit Hamlet verglichen werden, weniger wegen der Trauer um den Tod seiner Mutter, oder weil er davor zurückschreckte, sie zu rächen, als wegen des tragischen Geschicks, welches seinen Vater und seinen Stiefvater (der ja irrsinnig in einem Gefängniss auf Seeland geendet hatte) betroffen.

Der Tod der Maria Stuart im Februar 1587 hatte begreiflicherweise die Erinnerung an die Rolle, welche sie bei der Ermordung Darnleys gespielt hatte, wieder geweckt. Es gab ja eine um 1570 verfasste englische Ballade, in welcher die Missethat Bothwells ausführlich erzählt wurde (Percy, Reliques edd. Wheatley 1886, II, 215). Und aus dem, was man damals vom Charakter des künftigen Königs von England wusste, konnte allerdings ein Charakterbild gewonnen werden, welches mit dem des Prinzen Hamlet im Drama einige Aehnlichkeit hatte (Silberschlag, Shakespeare-Jahrbuch XII). Wir wissen ja freilich nicht, ob in diesen Punkten der Ur-Hamlet schon mit Shakespeares Bearbeitung übereinstimmte; aber da Sh. sonst im Allgemeinen die Charaktere, welche er in seinen Quellen vorfand, nicht willkürlich umgestaltete, sondern nur ausgestaltete und vertiefte, dürfen wir wohl vermuthen, dass die Umgestaltung des Hamlet-Charakters schon im Ur-Hamlet vorgebildet war, besonders da sie gut zum Stil eines von Seneca beeinflussten Dramas passt. Auch meine ich noch in Shakespeares Hamlet aus dem von fern drohenden und wieder verhallenden Kriegslärm, aus dem Hämmern der Waffenschmiede und Schiffszimmerleute, aus den Rufen der Schildwachen einen Nachklang des Jahres der Armada herauszuhören. Jedenfalls war das Drama seiner ganzen Anlage nach in keinem Jahre vor 1603 so zeitgemäss wie gerade 1588.

Auch ein litterarhistorischer Zusammenhang scheint auf eben dies Jahr hinzuweisen. Im Februar 1588 (1587) wurde von den Studenten von Gray's Inn die akademische Tragödie 'Misfortunes of Arthur' aufgeführt und bald danach durch den Druck veröffentlicht. Dieses Drama stimmt mit dem Hamlet nicht nur in dem (aus Senecas Agamemnon entlehnten) Motiv überein, dass zu Anfang des Stückes der racheheischende Geist des Gorlois erscheint, welcher vom Buhlen seiner Gemahlin ermordet ist, sondern bietet auch eine interessante Ausdrucksparallele in den Worten, welche der Geist spricht (I, 1, 6):

> — — — *proud Pendragon, broil'd with shameful lust*
> *Despoil'd thee erst of wife, of land and life.*

Im Hamlet (Qu. B.) sagt der Geist zu Hamlet (I, 5, 42):

> *I that incestuous, that adulterate beast*
> — — — — — — — — — — —
> — — — *wonne to his shamefull lust*
> *The will of my most seeming vertuous Queene*

und weiterhin (I, 5, 74):

> *Thus was I sleeping by a brothers hand*
> *Of life, of Crowne, of Queene at once dispatcht*

etwas abweichend in Qu. A.:

> *Of Crowne, of Queene, of life, of dignitie*
> *At once depriued*

und im alten deutschen Hamlet:

> *Also bin ich meines Reichs, meines Weibes und meines Lebens von diesem Tyrannen beraubt*

(vergl. Creizenach in den Berichten der Philol.-histor. Classe der Königl. Sächs. Ges. der Wiss., 12. Febr. 1887, S. 13).

Die doppelte Aehnlichkeit im Ausdruck ist wohl kaum durch Zufall zu erklären; besonders da die Parallele mit einer Uebereinstimmung im Motiv zusammentrifft; eine bestimmte Reminiscenz wird anzunehmen sein. Die Frage ist nur, ob die Wendung von Sh. direkt, oder durch Vermittlung des Ur-Hamlet aus den Misfort. entnommen ist.

Ich selbst nahm früher das Erstere an, bin aber jetzt zur Ueberzeugung gekommen, dass Sh. die Wendung aus dem Ur-Hamlet übernommen. Dafür spricht schon die Uebereinstimmung der verschiedenen Hamlet-Versionen untereinander. Jedenfalls war die Stelle schon in Sh.'s frühester Fassung enthalten. Eine direkte Entlehnung aus den Misf. lässt sich sonst für Sh. nicht erweisen (einige Verse des älteren Dramas erinnern zwar etwas an Stellen aus Sh.'s Dramen, aber doch nur oberflächlich) und ist an sich gar nicht wahrscheinlich, da die Tragödie 'Misfortunes of Arthur' eben ein akademisch-steifes, für die Aufführung auf der Volksbühne nicht geeignetes Buchdrama war.

Nun ist aber die Rede des Geistes von Hamlets Vater sicher schon im Ur-Hamlet vorgebildet gewesen, wie aus den Aeusserungen von Nash und Lodge hervorgeht; und es scheint sogar wegen des geschwätzigen, rührend pathetischen Tones, wegen einiger altmodischer und steifer Wendungen, wegen mancher Uebereinstimmungen mit Kyds und auch mit Marlowes Stil und wegen eines Vergleiches im Seneca-Stil, als wenn Sh. sich gerade in dieser Scene ziemlich eng an den Wortlaut des alten Dramas angeschlossen hätte (vgl. Anglia N. F. I, 130, II, 331).

Wenn Hamlet z. B. in dieser Scene (I, 5, 29 Qu. B.) ausruft:

> *Hast me to know't, that I with wings as swift*
> *As meditation, or the thoughts of loue*
> *May sweepe to my reuenge*

so können wir uns daran erinnern, dass Erastus mit einer

ähnlichen hyperbolischen Metapher seine Bereitwilligkeit dem Befehl Solimans zu gehorchen ausspricht:

> Solim. 350. *Desire should frame me wings to fly to him.*

Und wenn der Geist an der vorhin erwähnten Stelle (1, 5, 42, Qu. B.) sagt:

> — — — — *that adulterate beast*
> *With witchcraft of his wits, with trayterous gifts*
> — — — — *wonne to his shamefull lust*
> *The will of my most seeming-vertuous Queene*

so klingen diese Worte an eine Sentenz aus dem Jeronimo-Vorspiel an:

> Jer. (D.-H. IV. 359) *Gifts and giving*
> *Will melt the chastest-seeming female living.*

Es wäre durchaus nicht gegen Sh.'s sonstiges Verfahren, wenn er in der Rede des Geistes einige Wendungen aus dem älteren Drama herüber genommen hätte. Aber es würde nicht recht zur Eigenart seines dichterischen Schaffens stimmen, wenn wir annehmen wollten, dass er, etwa um dieser Rede eine alterthümlich-steife Färbung zu geben, Phrasen und Ausdrücke aus verschiedenen altmodischen Dramen zusammengeborgt hätte. Andererseits soll der Verfasser des Ur-Hamlet ja Wendungen aus dem englischen Seneca entlehnt haben; es wäre also gar nicht zu verwundern, wenn er auch ein akademisches Drama aus der Schule Senecas geplündert hätte. Von Kyd können wir schliessen, dass er bei der Neubearbeitung der Sp. Tr. die Misf. of. Arth. recht gut gekannt hat. Wenigstens stimmt der Prolog, der ja wahrscheinlich erst bei der Umarbeitung der Sp. Tr. hinzugefügt, wurde mit dem von Fulbecke geschriebenen Prolog der Misfort. nicht nur in dem (aus Seneca entlehnten) Motiv des racheheischenden Geistes überein, sondern auch in der Besonderheit, dass der Geist von Proserpina an die Oberwelt gesandt wird.[1]) Ebenso scheint der Schlussmonolog des Gorlois nachgeahmt. Ausserdem dürfte die Schlachtschilderung im Eingang der Sp. Tr. durch den Bericht in den Misfort. (IV, 320 ff.) stark beeinflusst sein. Es wäre also durchaus nicht unmöglich, dass schon im Ur-Hamlet eine Wendung aus den Misf. entnommen, und von Sh. beibehalten wäre. Wenn diese

---

[1]) Schon Marksheffel hat auf die Aehnlichkeit hingewiesen.

Auffassung richtig ist, hätten wir damit eine ziemlich genaue Datirung des Ur-Hamlet gewonnen.

Aber auch ohne diese immerhin unsichere Deutung einer Parallele können wir nach den vorstehenden Erwägungen mit grosser Wahrscheinlichkeit das **Jahr der Armada als das eigentliche Geburtsjahr des Ur-Hamlet** bezeichnen, wenngleich das Stück schon etwas früher concipirt sein mag.

Da nun aber der 'Jeronimo', wie oben ausgeführt, höchstwahrscheinlich aus dem Jahre 1587 stammt, ergiebt sich auch daraus die Unwahrscheinlichkeit jener Ansicht, welche den Ur.-H. einem Vorläufer Kyds zuschreibt.

Noch grösseren Schwierigkeiten aber würde die entgegengesetzte Annahme begegnen, dass der Ur.-H. von einem Nachahmer Kyds herrühre, eine Ansicht, der sich z. B. Gericke in der Einleitung zu seinen Hamlet-Quellen zuneigte.

Denn abgesehen von der Unwahrscheinlichkeit, dass schon ums Jahr 1588, als noch nichts von Kyds Dramen gedruckt und die Sp. Tr. gewiss noch nicht oft aufgeführt war, ein anderer Dichter Kyds Stil und Compositionsweise nachgeahmt haben sollte, ist es doch kaum denkbar, dass Nash einen Nachahmer Kyds solcher Beachtung gewürdigt haben soll, während er diesen selbst, der doch ein viel gefährlicherer Concurrent war, unerwähnt gelassen habe. Ausserdem bleiben ja auch bei dieser Hypothese Nashs Auslassungen und ihre offenbare Uebereinstimmung mit dem, was wir von Kyd wissen, unerklärt, man müsste denn geradezu annehmen, dass Nash Kyd mit seinem Nachahmer verwechselt habe. Und endlich bleiben alle jene Uebereinstimmungen zwischen der Sp. Tr. und dem Hamlet dunkel, welche auf Beeinflussung der Sp. Tr. durch den Ur-Hamlet hinweisen.

Dagegen schwinden alle Schwierigkeiten bei der oben begründeten Annahme, dass Kyd der Verfasser des Ur-Hamlet ist.

Von Kyd, dem Uebersetzer von Garniers Cornélie, können wir voraussetzen, dass er Belleforests französische Novelle lesen konnte.

Bei Kyd, dem gelehrten Dichter, dem verdorbenen Rechtsanwalt, dem Verfasser von Criminalgeschichten, ist es leicht begreiflich, dass er aus der alten Sage eine Art Criminalgeschichte machte, dass er den Helden in einen Gelehrten verwandelte und die Rolle eines Staatsanwalts spielen liess. Das Seneca-Studium Kyds, welches wir in der Sp. Tr. deutlich erkennen, macht es erklärlich, dass im Hamlet-Drama die Composition und Charakterzeichnung von Seneca beeinflusst ist. Für die Phantasie eines Dichters, der eben das Jeronimo-Schauspiel verfasst hatte, lag es nahe, das Colorit dieses Stückes, dramatische Motive, Situationen, Charaktere, Namengebung in den ähnlichen Stoff der Hamlet-Tragödie zu übertragen. Und andererseits ist es leicht zu verstehen, dass umgekehrt die Novelle Belleforests und das daraus gestaltete Drama auf das Jeronimo-Schauspiel, und besonders auf die zweite Bearbeitung desselben, die Sp. Tr., einwirkten. Gerade diese wechselseitige Befruchtung zeigt, dass wir es ursprünglich mit zwei Dramen desselben Dichters zu thun haben, und zwar mit zwei bald nacheinander, zum Theil vielleicht nebeneinander gedichteten. Schon während Kyd den Schluss des Jeron. (= Sp. Tr.) dichtete, muss Belleforests Novelle und der Bericht der aus Dänemark zurückgekehrten Schauspieler seine Phantasie beeinflusst haben; der verstellte und wirkliche Wahnsinn Jeronimos, das mit Vorwürfen beginnende und mit einer Verschwörung endigende Zwiegespräch von Jeron. und Bell' Imperia[1]) der Racheplan, die Schauspielscene, die Rede. in welcher Jeronimo seine Gräuelthat rechtfertigt, das Alles scheint darauf hinzudeuten, dass Kyd sich damals schon mit Belleforests Novelle und der Ausarbeitung eines Hamlet-Dramas beschäftigte. Brandl hat in den Gött. Gel. Anz. 1891, S. 726, mit Recht hervorgehoben, dass die Sp. Tr. in manchen Beziehungen der alten Sage von Amleth sogar näher steht, als das Hamlet-Drama in Shakespeares Bearbeitung.

[1]) In der Sp. Tr. sagt Bell' Imperia:
    Hieronimo, I will consent, conceale
    And ought that may effect for thine availe,
    Joyne with thee to revenge Horatioes death.
Und ganz ähnlich verschwört sich Geruthe mit Amleth, den Mord Horvendits zu rächen und sagt bei Belleforest (Gerickes Hamlet-Quellen S. LX):
    — — — comme aussi je tiendray secrette, et ta sagesse.
    et ta gaillarde entreprinse·

Andererseits lassen sich die Uebereinstimmungen mit dem Jeronimo-Vorspiel am leichtesten verstehen, wenn wir annehmen, dass dieses auf den Hamlet, und zwar schon auf den Ur-Hamlet befruchtend eingewirkt hat. Die Figur des Corambus (Polonius), die Proportion Andrea: Horatio: Bell' Imperia: Lorenzo = Hamlet: Horatio: Ophelia: Laertes erklärt sich so am Besten. Besonders Horatio, der Freund Hamlets, und Laertes scheinen mir ursprünglich Kydsche Figuren. In Belleforests Novelle sind bekanntlich die Gestalten des Corambus, der Ophelia und des Horatio nur im Keim, die des Laertes gar nicht enthalten. Leider können wir nicht ermitteln, wie weit die entsprechenden Charaktere der Sp. Tr. in der Quelle schon vorgebildet waren, weil diese nicht bekannt ist.

Da die Charaktere des Königs und der Königin noch in Shakespeares erster Bearbeitung, dem Corambus-Hamlet (Qu. A.), den entsprechenden der Novelle recht ähnlich sind,[1]) so dürfen

---

[1]) Vgl. H. Isaac im Sh.-Jahrb. XVI, 286 ff. — Die Königin wird bei Belleforest (Hamlet-Quellen XLVI) als 'douce et courtoise' bezeichnet; aber auch ihre Sinnlichkeit wird dort sehr stark hervorgehoben. Der König erhält die Ehrentitel 'paillard', 'felon', 'voleur'. Bei Belleforest heisst es schon (a. a. O. S. XLIV): — — 'il avoit incestueusement souillé la couche fraternelle', wovon bei Saxo Gr. noch nicht die Rede ist. Auch seine Heuchelei wird schon bei Belleforest stark betont (S. XLVI): 'Or couvrit il avec si grande ruse, et cautelle. et souz un voile si fardé de simplicité, son audace 'et mechanceté'. — — Die Missethat des Königs wird allerdings noch bei Belleforest ganz anders dargestellt (S. XLIV): il se rua un jour en un banquet, sur son frere lequel il occist autant traistreusement comme cauteleusement il se purgea devant ses sujets. — — Aber es ist wenigstens denkbar, dass ein Play-wright, der diese Worte nur in ungefährer Erinnerung hatte, auf das 'traistreusement' und 'cauteleusement' besonderes Gewicht legte und 'un banquet' in der damals in England üblichen Bedeutung von banquet = dessert (vgl. Al. Schmidt, Sh.-Lex.) fasste, die Scene durch ein Missverständniss in den Garten verlegte, weil das Dessert häufig im Garten eingenommen wurde (vgl. z. B. Henr. IV B V, 3), und dass er so auf die Vorstellung eines Meuchelmordes während des Nachmittagschläfchens kam, weil dieses sich ja von selbst an das Dessert anschloss (vgl. Vatke, Culturbilder aus Alt-England S. 105, wo aus Massinger's The Bondman I, 3 der Satz citirt ist: I have a couch and a banqueting-house in my orchard, Where many a man of honour has not scorn'd To spend an afternoon).

wir wohl annehmen, dass sie auch im Ur-Hamlet ziemlich übereinstimmend, natürlich weniger fein gezeichnet waren.

Die Umgestaltung des Hamlet-Charakters wird z. Th. in dem alten Drama schon erfolgt sein; sie entspricht wenigstens durchaus Kyds Geschmack. Belleforest bot ja auch wenigstens einige Anhaltspunkte für die veränderte Auffassung in den pathetischen Reden Hamlets, in den philosophirenden und moralisirenden Bemerkungen und in der gelegentlichen Erwähnung der Melancholie (S. LXVI). Auch führte die Aehnlichkeit mit der Agamemnon-Sage einen Nachahmer Senecas von selbst auf den Orestes-Typus.

Das Motiv des rachemahnenden Geistes lag für einen Nachahmer Senecas ebenfalls sehr nahe, es mag ausserdem angeregt sein durch die Worte: 'sans respecter les ombres de Fengon' (S. LVI), durch den Prolog der ,Misfortunes of Arthur' und vielleicht durch die in Garniers Cornélie erzählte Geistererscheinung.

Wie weit im Uebrigen Shakespeares Dramatisirung des Stoffes sich an die seines Vorgängers anlehnte, können wir ja nicht wissen; aber die mehrfachen Berührungen mit Motiven aus Jeron. (Sp. Tr.) und Solim., besonders im letzten Akt des Hamlet-Dramas, berechtigen doch wohl zu dem Schluss, dass auch im weiteren Verlauf der Tragödie vom Verfasser des Ur-Hamlet vorgearbeitet war. Jedenfalls ist, wie die Vergleichung mit dem Soliman-Drama zeigt, die Katastrophe in Kyds Geschmack[1]); ebenso der vorausgegangene Streit zwischen Hamlet und Laertes.

Alles, was im Hamlet weniger nach Sh.'s Geschmack ist, lässt sich ungezwungen als von Kyd herrührend deuten: so die halb-italienische, humanistische Atmosphäre der Intriguen-Tragödie (vgl. oben SS. 40, 64, 66): die fromme, streng-gläubige,

---

[1]) Es ist vielleicht nur Zufall, aber doch bemerkenswerth, dass ebenso. wie im Haml. V, 2, 283, auch in Solim. (D.-H. V, 203) eine Anspielung auf ,Cleopatra's union' (vgl. Plinius IX, 35) vorkommt; ferner dass ebenso wie im Haml. V, 1, 276 auch in Solim. (D.-H.V, 271) auf den Gigantenkampf angespielt wird; sodann dass der Wortwechsel von Hamlet und Laertes in dieser Scene an charakteristische Wendungen aus dem Jeron. erinnert (Angl. XII, 153).

beinahe katholische Färbung: Engel, Heilige, Fegefeuer, letzte Oelung, zelotischer Priester bei Ophelias Beerdigung, König am Betpult (vgl. S. 65), die theilweise noch etwas steife und hölzerne Charakterzeichnung, besonders bei Laertes und Horatio (vgl. S. 67); der Wankelmuth, die Unentschlossenheit und Charakterschwäche der meisten handelnden Personen (S. 67).

Namentlich aber lässt sich jetzt das eigenthümlich Schillernde in der Charakterzeichnung begreifen. Die Hamlet-Tragödie kann etwa verglichen werden mit einem Fresco-Gemälde, welches auf Grund einer ziemlich rohen, von einem Andern entworfenen Kohlenzeichnung zunächst von einem Maler zweiten Ranges ausgeführt, sodann aber, als die Farben verblichen, von einem Meister seiner Kunst, mit theilweiser Benützung der früheren Umrisse, aber doch recht frei und selbständig übermalt wurde.

Es lässt sich vorstellen, dass ein solches Gemälde, aus einer gewissen Entfernung gesehen, auf die es berechnet ist, einen ganz einheitlichen Eindruck macht; wenn der Beschauer aber sich zu sehr nähert, treten die gröberen und doch unsicheren Contouren und Schattirungen der ursprünglichen Zeichnung, des ersten Gemäldes stärker hervor und machen einen verwirrenden Eindruck.

Aehnlich geht es bei der Beurtheilung des Hamlet-Dramas. Die meisten Erklärer und Kritiker berücksichtigen den Umstand nicht genügend, dass die Tragödie ja kein vollständig einheitliches und originelles Werk Sh.'s ist. Je nachdem sie nun diejenigen Züge, welche noch aus dem alten Drama, ja aus der ursprünglichen Sage stammen, oder diejenigen, welche von Sh. selbst herrühren müssen, mehr ins Auge fassen, kommen sie zu ganz verschiedenen, ja fast entgegengesetzten Auffassungen der Charaktere. Eine vollständig befriedigende Deutung von Sh.'s Auffassung könnte nur erlangt werden, wenn der Ur-Hamlet erhalten wäre, und man so beurtheilen könnte, welche Züge Sh. übernommen, welche er hinzugefügt, wie er überhaupt den Stoff umgemodelt hat. Da dies nun nicht möglich ist, sind auch alle Versuche in dieser Richtung zu einer einheitlichen und allseitig befriedigenden Deutung zu gelangen, fruchtlos.

Diejenigen Leser aber, welche litterarhistorischen Combinationen und Hypothesen zugänglich sind, können jetzt allerdings wenigstens annähernd eine Vorstellung gewinnen von dem Inhalt und Geist des Ur-Hamlet, und danach Shakespeares Neuschöpfung beurtheilen. Es ergiebt sich, dass für alle Aeusserlichkeiten der Handlung Shakespeare nur in sehr geringem Maasse verantwortlich ist, dass er wahrscheinlich, wie auch sonst, die Färbung und die hauptsächlichen Motive des alten Dramas beibehalten hat. Ebenso werden auch die Grundzüge der meisten Charaktere bewahrt sein. Sh. hat sie nur feiner ausgeführt, vertieft, individualisirt, Härten nach Möglichkeit gemildert, Inconsequenzen, Unebenheiten in der Charakterzeichnung, so weit es anging, beseitigt, ohne sich übrigens pedantisch sehr darum zu kümmern, wenn ein aus der alten Sage übernommener Zug mit seiner Auffassung der Charaktere nicht ganz im Einklang stand.

Es kann z. B. zugegeben werden, dass einige herbe, schroffe Züge bei Hamlet befremden und trotz der Bemühungen von Baumgart, H. Türck und anderen Kritikern nicht ganz mit dem (von Göthe gewiss im Wesentlichen richtig aufgefassten) Gesammtbilde in Uebereinstimmung zu bringen sind: Hamlets schnödes Benehmen gegen Ophelia, der Gleichmuth, mit dem er sich über Polonius', Rosencrantz', Güldensterns Tod hinwegsetzt, sein Streit mit Laertes. Aber für Sh.'s Auffassung des Hamlet-Charakters sind diese Züge nicht zu urgiren, wie es Gervinus u. A. gethan haben: denn sie stammen sicher aus der alten Sage oder dem älteren Drama und sind gleichsam die roheren, dunkleren Umrisse und Schattirungen, welche durch Sh.'s Seelengemälde hindurchschimmern. Wir können deutlich beobachten, wie Sh. sie abgeschwächt hat; ganz tilgen konnte er sie aber nicht, ohne die Handlung von Grund aus umzugestalten. Aehnliches gilt gewiss von manchen anderen Charakteren. Wir können ja z. Th. mit Hülfe der Qu. A. noch beobachten, wie Sh. die übernommenen Charaktere allmählich einheitlicher und consequenter gestaltet hat (vgl. H. Isaac, Sh.-Jahrb. XIV, 286 ff.).

Wenn wir den Ur-Hamlet vergleichen könnten, würden wir gewiss Gelegenheit haben, zu bewundern, mit welch' genialeinfachen Mitteln Sh. sogar die Schwächen der älteren Dichtung seinen Zwecken dienstbar gemacht hat. Wir würden sehen, wie er die Hohlheit, Oberflächlichkeit, Inconsequenz der Charakterzeichnung, welche im alten Drama natürlich unbeabsichtigt war, mit künstlerischem Bewusstsein benutzt hat, um in den meisten Personen oberflächliche, hohle, phrasenhafte und andererseits haltlose, schwache, heuchlerische Charaktere zu zeichnen. Damit aber gewann er zugleich den Vortheil den Charakter Hamlets in helleres Licht zu setzen: seine Heuchelei und Verstellung, und dann wieder seine Härte und Rücksichtslosigkeit entschuldbar und begreiflich zu machen.

Und wenn im Ur-Hamlet das Zaudern des Helden wohl nur schwach und mehr äusserlich motivirt war, etwa durch den Mangel eines vollgültigen Schuldbeweises, oder um die Rache mit grösserem Raffinement ausführen zu können (wie in der Sp. Tr.), so vertiefte Sh. den seelischen Conflict und erklärte das Zaudern aus dem Charakter des Helden. So hat der grosse Dichter aus der äusserlich sehr effektvollen, aber innerlich hohlen und unwahren Intriguen-Tragödie seines Vorgängers jenes tiefempfundene Seelengemälde geschaffen, dessen Naturwahrheit wir Alle bewundern.

Aber indem wir es bewundern, dürfen wir doch des geringeren, verschollenen Dichters nicht ganz vergessen, welcher den Stoff zuerst dramatisch behandelt und einen Shakespeare zu seiner tiefsinnigsten Dichtung angeregt hat.

ANHANG.

Die geschichtliche Grundlage der Perseda-Sage.

Jacobus Fontanus (Jacques Fontaines), ein Augenzeuge der Belagerung von Rhodus, berichtet in seiner Schrift 'De bello Rhodio' Paris. 1540 (p. 73) Folgendes:

> Sed cum res sic obtulit, non putani silentio praetereundum faciuus, nescio vtrum atrocitate, an animi magnitudine nobilius, quod ausa est supra vires, supra sexum suum mulier vna Graecanici sanguinis, quę cum arcis praefecto consuetudinem habebat, quem vt agnouit fortiter dimicando occisum, amplexa duos venusto corpore & amabili indole pueros, quos defuncto genuerat, postquam maternae pietatis oscula extrema libasset, & notam crucis Christi lachrimantium periturorumque frontibus impressisset, ferro atrox foemina ingulauit, & trementes adhuc, exeunte simul sanguine, & spiritu, artus cum caeteris quę chara habebat, in ardentissimum rogum coniecit, ne hostis (dicebat) vilissimus viuis aut mortuis, gemina nobilitate corporibus potiretur: & cum dicta induens chari amatoris paludamentum madidum multa adhuc sanguine, accepta framea in hostes tendit: ibi egregia bellatrix & omnium saeculorum memoria dignissima virago, inter confertas hostium phalanges, morte virorum fortiter bellando occubuit.

Es liegt auf der Hand, dass die 'mulier Graecanici sanguinis' der Griechin Persida (= Περσηίς, Περσηίδα; vgl. Cressida aus Χρυσηίς) und der rhodische 'praefectus arcis' dem Rhodier Erastus der Sage entspricht.

REGISTER
der besprochenen oder erwähnten Dichter und Dichtungen.

Arden of Feversham 73.
Armin's Nest of Ninnies 86.
Battle of Alcazar s. Peele.
Belleforest, Histoires Tragiques 110, 117 ff.
Greene 82 ff.
    Farewell to Folly 70.
    Groatsworth of Wit 78.
    James IV, 71, 83.
    Menaphon 71, 83 f., 86, 99.
    Morando 70.
    Orlando Furioso 83.
Harvey, Gabriel 81.
Jeronimo, First Part of s. Kyd.
Kyd 49 ff., 92 ff.
    Cornelia 49, 60, 90, 101, 119.
    First Part of Jeronimo 43, 54 ff., 66, 72, 93, 105 ff., 115, 119.
    Spanish Tragedy 1—8, 42 ff., 49, 50 ff., 59, 64, 66 f., 75 f., 89 ff., 101 ff., 117 ff.
    The trueth of the most wicked and secret murthering of John Brewen 5.
Lodge, Wounds of Civil War 3.
Lyly, 5, 80.
Marlowe 79.
    Dido 79.
    Faustus 79.
    Jew of Malta 51.
    Tamberlaine 51 f., 57, 79.
Misfortunes of Arthur 70, 113 ff., 119.
Nash 78, 86 ff.
Peele, Battle of Alcazar 61.

Pilgrimage to Parnassus, 43, 77 ff.
Shakespeare 97 ff., 119 ff.
    Comedy of Errors 43.
    King John 1.
    Hamlet 96 ff., 104 ff.
    Henry VI A 59, 62.
    Henry V 96 f.
    Merchant of Venice 75.
    Midsummer Night's Dream 75.
    Richard II 97.
    Romeo 75.
    Titus Andronicus 51, 97.
Soliman and Perseda 1—48, 58 ff., 65, 93, 106 f., 115. 119.
Spenser, Faerie Queen 53 f., 90.
Tancred and Gismunda 41, 60 f.
Three Lords and Three Ladies of London 72.
Triumphs of Love and Fortune 41, 69.
Ur-Hamlet 92, 94 ff.
Watson, Hecatompathia 6 f.
Wily Beguiled 4, 75 ff.
Wotton. Courtlie Controversie of Cupids Cantels 8 ff.